全国高职高专

HUIZHAN

会展策划与管理

专业规划教材

教育部高等学校工商管理教学指导委员会旅游会展专业组 规划教材

会展礼仪实训教程

主 编 王 斌 副主编 蒋 昕 韦晓军

（第2版）

重庆大学出版社

内容提要

本书以会展组织接待活动的工作步骤和工作内容为主线索，以会展活动中要求掌握的相关礼仪知识为背景组织编写内容。本书包括会展礼仪概述、会展从业人员职业形象塑造、会展准备阶段礼仪规范及训练、会展活动现场礼仪规范及训练、会展结束阶段礼仪规范及训练、会展相关活动礼仪规范及训练、礼仪文书训练、国际礼俗与禁忌等8个主题内容，为读者提供了较为全面的会展礼仪知识体系和实践指导。本书是会展专业学生、会展企业和其他企业会展相关工作者塑造自身职业形象、提高礼仪水准的良师益友。

本书既可作为高职高专会展策划与管理专业或旅游类专业的学生教材，也可作为会展从业人员的培训用书。

图书在版编目(CIP)数据

会展礼仪实训教程/王斌主编.—2版.—重庆：重庆大学出版社，2013.7(2021.8重印)
全国高职高专会展策划与管理专业系列规划教材
ISBN 978-7-5624-4138-0

Ⅰ.①会… Ⅱ.①王… Ⅲ.①展览会—礼仪—高等职业教育—教材 Ⅳ.①G245

中国版本图书馆CIP数据核字(2013)第171364号

会展礼仪实训教程
(第2版)
主 编 王 斌
副主编 蒋 昕 韦晓军
责任编辑：顾丽萍 曾 艳 版式设计：顾丽萍
责任校对：邹 忌 责任印制：张 策
*
重庆大学出版社出版发行
出版人：饶帮华
社址：重庆市沙坪坝区大学城西路21号
邮编：401331
电话：(023) 88617190 88617185(中小学)
传真：(023) 88617186 88617166
网址：http://www.cqup.com.cn
邮箱：fxk@cqup.com.cn (营销中心)
全国新华书店经销
POD：重庆新生代彩印技术有限公司
*
开本：720mm×960mm 1/16 印张：13 字数：227千
2013年7月第2版 2021年8月第11次印刷
ISBN 978-7-5624-4138-0 定价：39.00元

编委会

总　序

进入21世纪以来，随着中国社会经济的飞速发展，综合国力的不断增强，国际贸易发展的风驰电掣，会展经济随之迅速成为中国经济的新亮点，在中国经济舞台上扮演着越来越重要的角色，正逐渐步入产业升级的关键时期。这一时期，会展业持续快速发展的关键是需要大量的优秀专业人才作为支撑，而目前市场还存在很大的会展专业人才供给缺口。为了适应国内对会展人才需求日益增长的需要，我国各类高校纷纷开设了会展专业或专业方向。据不完全统计，截止到2011年7月，在全国范围内（不含港澳台）开设会展专业的高校达96所，涵括专业方向的高校（包括本科、高职高专院校）则已超过百所，这在一定程度上缓解了我国会展人才紧缺的现状。但是由于我国会展教育起步较晚，在课程体系设计、教材建设和师资队伍建设等方面还有待完善，培养出来的学生在知识结构、职业素养和综合能力等方面往往与市场需求不对称。尤其是目前国内会展教材零散、低层次重复并且缺乏系统性的状况比较突出，很大程度上制约了我国会展教育和会展业的发展。因此，推出一套权威科学、系统完善、切合实用的全国高职高专会展策划与管理专业系列教材势在必行。

中国的会展教育发展刚刚超过10年时间，但我国的会展教育经过分化发展，已经形成了学科体系的基本雏形。如今，会展专业已经形成中等职业教育、高职高专、普通本科和研究生教育这样完整的教育层次体系，这展示了会展教育发展的历程和成果，同时也提出了学科建设中的一些迫切需要解决和面对的问题。其中最重要的一点，就是如何在不同教育层次和不同的教育类型上对会展教育目标和教育模式进行准确定位。为此,重庆大学出版社策划组织了国内众多知名高等院校的著名会展专家、教授、学科带头人和一线骨干教师参与编写了这套全国高职高专会展策划与管理专业系列教材,以适应中国会展业人才培养的需要。本套教材的修订出版旨在进一步完善全国会展专业的高等教育体系,总结中国会展产业发展的理论成果和实践经验,推进中国会展专业的理论发展和学科建设,并希望有助于提高中国现代会展从业人员的专业素养和理论功底。

本套教材定位于会展产业发展人才需求数量最多和分布面最广的高职高专教育层次,是在对会展职业教育的人才规格、培养目标、教育特色等方面的把握和对会展职业教育与普通本科教育的区别理解以及对发达国家会展职业教育的借鉴基础上编写而成的。另外,重庆大学出版社推出的这套全国高职高专会展策划与管理专业系列教材,其意义将不仅仅局限在高职高专教学过程本身,而且还会产生巨大的牵动和示范效应,将对高职高专会展策划与管理专业的健康发展产生积极的推动作用。

在重新修订出版这套教材的过程中,我们力求系统、完整、准确地介绍会展策划与管理专业的最新理论成果,围绕培养目标,通过理论与实际相结合,构建会展应用型高职高专系列教材特色。本套教材的内容,有知识新、结构完整、重应用等特点。教材内容的要求可以概括为:"精、新、广、用"。"精"是指在融会贯通教学内容的基础上,挑选出最基本的内容、方法及典型应用;"新"指尽可能地将当前国内外会展产业发展的前沿理论和热点、焦点问题收纳进来以适应会展业的发展需要;"广"是指在保持基本内容的基础上,处理好与相邻及交叉学科和专业的关系;"用"是指注重理论与实际融会贯通,突出职业教育实用型人才的培养定位。

本套教材的编写出版是在教育部高等学校工商管理类学科专业教学指导委员会旅游与会展专业组的大力支持和具体指导下,由中国会展教育的开创者和著名学者、国内会展旅游教育界为数仅有的国家级教学成果奖获得者和国家级精品课程负责人,教育部高等学校工商管理类学科专业教学指导委员会旅游与会展专业组组长、中国会展经济研究会创会副会长马勇教授担任总主编。参与这套教材编写的作者主要来自于上海旅游高等专科学校、上海工程技术大学、上海新侨职业技术学院、湖北大学、武汉职业技术学院、湖北经济学院、湖北职业技术学院、浙江旅游职业学院、桂林旅游高等专科学校、广西国际商务职业技术学院、金华职业技术学院、昆明冶金高等专科学校、昆明学院、沈阳职业技术学院、广东交通职业技术学院、顺德职业技术学院、深圳职业技术学院等全国

40多所知名高校。在教材的编写过程中,重庆大学出版社还邀请了全国会展教育界、政府管理界、企业界的知名教授、专家学者和企业高管进行了严格的审定,借此机会再次对支持和参与本套教材编审工作的专家、学者和业界朋友表示衷心的感谢。

本套教材的第一批选题已于2007年7月后陆续出版发行了21本,被全国众多高职院校以及会展企业选作学生教材和培训用书,得到广大师生和业界专家的广泛认可和积极使用。这套教材中一部分已被列选为国务院国资委职业技能鉴定和推广中心全国"会展管理师"培训与认证的唯一指定教材,以及全国会展策划与管理专业师资培训用书,等等。本套教材的作者队伍大多是国内会展学科领域的带头人和知名专家,涉及的专业领域十分广泛,包括了经济学、管理学、工程学等多方面;参与编写的会展业界人士,不仅长期工作在会展管理领域的第一线,而且许多还是会展业界精英。另外,作为国内高校第一套全国高职高专会展策划与管理专业系列教材,在选材内容和教材体系方面都是动态开放的。随着中国会展业的持续健康发展,为确保系列教材的前沿性和科学性,我们也会不断对该套教材进行再版修订,以及增补新的选题,欢迎各高校会展学科的学术带头人和骨干教师积极申报选题并参与编撰!

本套教材由于选题涉及面广、加之编写修订时间紧,因而不足和错漏之处在所难免,恳请广大读者和专家批评指正,以便我们不断完善。最后,我们期待这套新修订出版的全国高职高专会展策划与管理专业系列教材能够继续得到全国会展专业广大师生的欢迎和使用,能够在会展教育方面,特别是在高职高专教育层次的人才培养上起到积极的促进作用,共同为我国会展业的发展作出贡献。

全国高职高专会展策划与管理专业规划教材

编委会

2013年2月

第2版前言

会展活动是人类高级的经济文化活动方式。伴随经济全球化,世界各国的会展经济发展势头正猛。凭借会展所具有的信息传播、形象展示、经济辐射、商务洽谈、系统整合等功能,会展产业在区域经济发展中发挥了越来越重要的作用。根据国际大会和会议协会(ICCA)统计,每年全球举行的参加国超过4个、与会外宾超过50人的各种国际会议达40万次以上,会议的总开销超过2 800亿美元。我国的会展经济活动发展相对滞后,但从无到有、从小到大,近5年来每年都以近20%的速度发展,逐渐成为国民经济的新亮点。

我国是文明古国,历来重视礼仪教育。会展礼仪是伴随会展活动发展起来的一种职业礼仪,是在会展实践活动中形成的人与人之间、组织与组织之间、国家与国家之间相互表示友好和敬意的外在行为规范和准则。会展礼仪是会展经济活动顺利开展的润滑剂,是会展活动中各方人士表现自身律己、敬人的良好品行的一面镜子,不仅有利于树立个人职业形象,还有利于培育企业品牌、提高企业声誉。为了帮助各方人士更有效地组织或是参与会展活动,编者结合会展组织工作、参展工作的实际情况撰写了《会展礼仪实训教程》。本书以会展组织接待活动的工作步骤和工作内容为主线索,以会展活动中要求掌握的相关礼仪知识为背景组织编写内容,充分体现了会展礼仪实践工作的针对性、交叉性、复合性特点。同时本书以实训为特色,每一章都配有1~2个相关主题的实训项目,既提供实践教学指南,又为教材使用者提供会展活动背景信息,拓展视野,强化职业认知。

本书既可作为高职高专会展专业及旅游、商务、贸易等相关专业学生教材，又可作为各类培训机构、会展企业及其他各类企业会展相关工作者的培训用书、参考教材。

本书由湖北经济学院王斌主编，负责拟订编写提纲，编写第1章并统稿；昆明冶金高等专科学校孙佳佳负责编写第2,7章；湖北经济学院蒋昕负责编写第3,8章及第6章部分内容；广西国际商务职业技术学院韦晓军负责编写第4章及第6章部分内容；上海新侨职业技术学院陈素霞负责编写第5章。

由于会展行业处在飞速发展的进程中，会展学科还是一门新兴的学科，本教材一定还有很多值得商榷的地方，编者诚挚欢迎各方人士对本教材批评指正，以期不断完善。

编　者

2013年4月

目 录 CONTENTS

第1章
绪　论

【本章导读】

礼仪是社会文明的标志，是人类进步的结晶。现代礼仪包括了礼貌、礼节、仪表、仪式，涉及面广泛，具有丰富的内涵。本章首先解释了礼仪的概念及其内涵，然后归纳出礼仪的特征、原则和功能。会展礼仪是伴随着会展业的发展而发展和完善的一种职业礼仪。本章在介绍会展、会展业的基础上提出了会展礼仪的定义，并讲解了会展礼仪的特殊意义和学习、训练中应该注意的方法。

【关键词汇】

礼仪　会展礼仪

1.1 礼仪概述

礼仪是人类在长期的社会实践中逐步形成的,体现了不同社会背景下人与人之间的关系。从古至今,礼仪就是一种精神约束力,支配着人们的思想和行为。现代社会里,礼仪渗透进人们的生活、工作,成为影响人们生活方式、工作方式的重要因素。当代大学生应该结合自身专业和未来的发展方向学习礼仪知识,提高个人修养,树立个人形象,为将来的发展奠定基础。

1.1.1 什么是礼仪

1)礼仪的概念

礼仪自古就有,其含义也不同于今天人们对礼仪的理解。原始社会时期"礼"指敬神、占卜等仪式,到封建社会演变为保佑统治地位的等级秩序。"仪"本意为法度、标准,也有仪容仪表之意。时至今日,"礼仪"可以引申理解为人与人之间、组织与组织之间、国家与国家之间的友好和敬意,泛指在长期的社会实践中约定俗成的人际交往中人的外在表现形式和规则等行为规范。现代礼仪包括礼貌、礼节、仪表和仪式。其中,礼貌指人们在交往过程中表示敬重、友好的行为规范,如尊老爱幼、热情待客等。礼节指人们在交际活动中待人接物的形式,如拜会、回访、馈赠等。仪表指人的外表,如容貌、服饰、表情、姿态等。仪式指在一定场合下举行的具有专门程序的活动,如开业典礼、迎送仪式等。

2)礼仪的内涵

礼仪的基本形式受到历史传统、风俗习惯、宗教信仰和时代潮流等因素的影响,具有深厚的内涵。

首先,礼仪是一种行动的方法和程序,有一定的套路,表现为一定的章法。礼仪要求社会成员都能遵守这种行为规范,否则就会受到其他社会成员的鄙夷或厌恶。

其次,礼仪可以通过语言、文字和动作来进行描述和说明,是大家可以学习、掌握并加以实践的行为准则和规范。

再次,礼仪是一种情感互动的过程。在礼仪的实施过程中,既有施礼者的控制行为,也有受礼者的反馈行为,是双方互相尊重的过程。

礼仪的目的是实现社会成员的互相尊重,构建人与人之间的和谐。现代社会礼仪也是每个人的必修课,是个体获得社会认可的必要条件。

3)礼仪的特征

礼仪具有鲜明的特征,了解这些特征有利于大家更好地掌握和实践礼仪规范。

(1)普遍性

礼仪是全社会约定俗成、共同认可、普遍遵守的准则。一般来说,礼仪代表一个国家、一个民族、一个地区的文化习俗特征。但不少礼仪是全世界通用的,具有全人类的共同性。例如:问候、打招呼、礼貌用语、各种庆典仪式、签字仪式等,大体是世界通用的。礼仪的普遍性,主要源于共同的经济生活和文化生活。经济的共同性必然导致礼仪的趋同。例如现代经济的快节奏、高效率,使现代礼仪向简洁、务实的方向发展。

(2)差异性

礼仪客观上存在差异性。差异性首先表现在不同的时代,礼仪具有本质的差异性。例如封建时代的跪拜礼渗透着强烈的地位和人格等级的差异,在今天民主时代,跪拜礼已被代表自由、平等的握手礼所替代。其次,不同地域、民族使礼仪形式具有了差异,正所谓"十里不同风,百里不同俗"。最后,针对不同对象的礼仪规则也要有所差异,如握手礼节对男女、长幼、上下、宾主等都有不同的要求。

(3)继承性

礼仪的继承性表现在人们继承和发展那些代表主流和本质的、体现社会文明和进步的礼仪。礼仪的继承具有一定的稳定性,良好的社会行为规范会成为社会进步和人类文明的重要标志。礼仪的继承还具有与时俱进的变革性,不是全盘继承,而是经过一代又一代地去粗取精,在扬弃中不断推陈出新,不断适应时代和社会的需要,同时也推动着时代和社会的进步。

4)礼仪的原则

(1)平等原则

平等原则是现代礼仪的基础。所谓平等就是指以礼貌待人,礼尚往来,既不盛气凌人,也不卑躬屈膝。从心理学的角度看,人都有友爱和受人尊重的心理要求,人人都渴望平等。任何抬高和贬低自己的语言和行为,都不利于建立和谐的人际关系。英国著名的戏剧家、诺贝尔文学奖获得者萧伯纳有一次在前苏联访问,他在莫斯科街头散步时见到一个非常可爱的小女孩。萧伯纳和这个小女孩儿玩了很久,在分手时,他对小女孩说:“回去告诉你的妈妈,你今天和伟大的萧伯纳一起玩了。”小女孩儿也学着大人的口气说:“回去告诉你的妈妈,你今天和苏联女孩儿安妮娜一起玩了。”萧伯纳很吃惊,他立刻意识到自己的傲慢,并向小女孩儿道歉。后来,萧伯纳每次回想起这件事,都感慨万千。他说:“一个人无论有多么大的成就,对任何人都应该平等相待,应该永远谦虚。”

(2)尊重原则

尊重原则是现代礼仪的实质,是指在礼仪实施的过程中要体现出对他人发自内心的尊重。礼仪本身从内容到形式都是尊重他人的具体体现。心理学认为,人们对尊重的需要分两类,即自尊和来自他人的尊重。自尊包括获得信心、能力、本领、成就、独立和自由的愿望。来自他人的尊重包括威望、承认、接受、关心、赏识等。要获得他人的尊重,首先要学会尊重他人。与人交往,不论对方的地位、身份、相貌如何,都要尊重他人,使人感到他在你的心目中是受欢迎的,从而得到一种心理上的满足,进而产生愉悦感。

(3)宽容原则

宽容是一种美德。孔子说“宽则得众”,宽容意味着要有容忍的雅量和多替他人考虑的品德。宽容是获得友谊、朋友,扩大交往面的基本要求。宽容就是指宽以待人,不过分计较个人的得失。严于律己,宽以待人,是为人处世的较高境界,也是有较高修养的表现。理解他人、体谅他人、对他人不求全责备、虚心接受他人的批评意见,这些都体现了宽容的原则。

(4)自律原则

从总体上来看,礼仪规范由对待个人的要求与对待他人的做法这两大部分所构成。对待个人的要求,是礼仪的基础和出发点。学习礼仪、应用礼仪,最重要的就是要自我要求、自我约束、自我控制、自我对照、自我反省、自我检点,这就是所谓自律的原则。古语云:“已所不欲,勿施于人。”若是没有对自己的首先要求,人前人后不一样,只求诸人,不求诸己,不讲慎独与克己,遵守礼仪就无从谈起,就是一种蒙骗他人的大话、假话、空话。

1.1.2 中国礼仪的发展历程

1)礼仪的萌芽时期

礼仪起源于原始社会时期。在原始社会中、晚期出现早期礼仪的萌芽。例如,生活在距今1.8万年的北京周口店山顶洞人就已经知道打扮自己。他们用穿孔的兽齿、石珠作为装饰品,挂在脖子上,在死去的族人身旁撒上赤铁矿粉,举行原始宗教仪式。

2)礼仪的草创时期

公元前1万年左右,人类进入新石器时期,原始礼仪渐具雏形。在半坡遗址中,通过考古发现了生活在距今5 000年的半坡村人的公共基地。墓地中的坑位排列有序,死者的身份有所区别,有带殉葬品的仰身墓,有没有带殉葬品的俯身墓。此外,有关资料表明,当时人们已经讲究尊卑有序、男女有别,长辈坐上席,晚辈坐下席,男子坐左边,女子坐右边等礼仪也日趋明确。

3)礼仪的形成时期

这一阶段大约在公元前21世纪到公元前771年的夏商周三代时期。从夏朝建立起,中国社会就进入了奴隶制社会。由于大规模地利用奴隶劳动,使生产力比原始社会有了更大的发展,与之相适应,社会文化也得到了较大的发展。在这一阶段,奴隶主阶级为了维护本阶级的利益,巩固自己的统治地位,修订了比较完整的国家礼仪和制度,提出了极为重要的礼仪概念,如“五礼”等,确定了崇古重礼的传统。在西周,出现了中国历史上第一部记载“礼”的书籍,这就是《周礼》。人们通常认为,传世的《周礼》和《仪礼》是周公的遗典,它们与其释文《礼记》一起,统称“三礼”,是关于各种礼制的百科全书。其中,《周礼》偏重政治制度,《仪礼》偏重行为规范,《礼记》偏重对礼的各个分支做出符合统治阶级需要的理论说明。由这“三礼”所涉及的各种礼制的总和,涵盖了中国古代“礼”的主要内容。

4)礼仪的发展、变革时期

这一阶段大约在公元前771年到公元前221年的春秋战国时期。这一时期是我国奴隶制社会向封建制社会转变的过渡时期,出现了“礼崩乐坏”的局面。以孔子、孟子、荀子为代表的思想家们系统地阐述了礼的起源、本质和功能等问题,第一次从理论上全面而深刻地阐述了社会等级秩序的划分及其意义,以及与之相适应的礼仪规范、通用义务。

5)礼仪的强化、衰落时期

这一阶段大约从公元221 年的秦、汉时期到公元1911 年的清末。这一时期礼仪的重要特点是:尊君抑臣、尊父抑子、尊夫抑妻、尊神抑人。西汉唯心主义思想家董仲舒提出“罢黜百家,独尊儒术”,把以孔子为代表的儒家思想定为封建社会的统治思想,并提出了“三纲”、“五常”的学说。“三纲”即“君为臣纲,父为子纲,夫为妻纲”,“五常”即仁、义、礼、智、信。“三纲”和“五常”是“天”的意志的表现,“三纲”的主从关系是绝对不可改变的。在漫长的封建历史演变过程中,董仲舒的这一学说一直是人们的礼仪准则。它一方面起着调节、整合、润滑人际关系的作用,作为一种无形的力量制约着人们的行为,使人们循规蹈矩地参与社会生活;另一方面,它又成为妨碍人类个性自由发展、阻挠人类平等交往、窒息思想自由的精神绳索。直到清朝末年,尤其是民国时期,西方文化大量传入中国,传统礼仪制度和规范逐渐被时代所抛弃,科学、民主、自由、平等的观念迅速深入人心,新的价值观念和礼仪标准才得到传播和推广。

6)现代礼仪阶段

这一阶段大约从1911 年直到现在。这是中国现代礼仪的形成和发展时期。这一时期大致经历了两个阶段:一是半封建半殖民地时期的礼仪。1840 年鸦片战争后,中国为半封建半殖民地社会。封建礼仪加上西方资本主义的道德观,形成了独特的“大杂烩”式的半封建半殖民地礼仪。二是1949 年新中国成立,新型的社会关系和人际关系确立,标志着中国的礼学和礼仪进入了一个崭新的历史时期。人民当家做主,人与人之间的同志式的互助合作关系代替了对抗关系。虽然在一段时期内,优良的民族传统、良好的礼仪礼俗曾被作为“封资修”货色扫进垃圾堆,但是,改革开放的大潮使礼仪获得了新的生命,人们在学习和借鉴西方礼仪的同时形成了现代礼仪。

1.1.3 礼仪的功能

1)沟通的功能

人们在社会交往中,只要双方都自觉地遵守礼仪规范,就容易沟通感情,从而使交际往来容易成功。

2)协调的功能

在社会交往时,只要人们注重礼仪规范,就能够互相尊重、友好合作,从而缓和或避免不必要的冲突和障碍。

3)维护的功能

礼仪是社会文明发展程度的反映和标志,同时也对社会的风尚产生广泛、持久和深刻的影响。讲礼仪的人越多,社会便会更加和谐安定。

4)教育的功能

礼仪通过评价、劝阻、示范等教育形式纠正人们不正确的行为习惯,倡导人们按礼仪规范的要求协调人际关系,维护社会正常生活。讲究礼仪的人同时也起着榜样的作用,潜移默化地影响着周围的人。

1.2 会展礼仪概述

1.2.1 会展与会展业

会展是会议和展览会的总称,即通过举办各种形式的会议和展览会,吸引大量商务人士和参观观众,促进产品市场的开拓、技术和信息的交流、对外贸易和旅游观光的发展,由此带动相关产业的发展。会展范畴广泛,包括展览、会议、节事、奖励旅游等。

会展业是指由会展经济活动而引起的相互联系、相互作用、相互影响的同类企业的总和,是现代经济体系的有机组成部分,国际上通称为 MICE Industry。与会展的范畴相对应,会展业的内涵包括会议、奖励旅游、大型会议、展览会和节事活动。会展业的主要活动涉及政府、国际组织、国际和国内协会、国内外企业及国内社团等组织的相关活动,因此关联性和带动性极强,是新世纪经济发展的助推器。目前在各国经济结构中会展业都是不可缺少的组成部分。

会展活动具有专业性、针对性的特点,逐渐成为国际、国内企业同行间进行互相交流、直接面对客户展示企业及其产品的最佳方式。随着社会的发展,会展形式正迅速由单一的产品展示向立体式、多方位创立品牌氛围转变,并且开始倡导体验式的会展方式,即参观者通过视觉、听觉、触觉以及感知来全方位地体验展示的项目或产品。这种转变使得会展从业人员的自我展示成为企业品牌的组成部分,从业人员正面临着现代会展业越来越高的职业要求,会展礼仪正是满足这一要求的必要条件之一。

1.2.2 会展礼仪的定义

会展礼仪最早形成于20世纪40年代法国巴黎的一次展览会,之后在20世纪70年代形成规模,并逐步向专业化、正规化发展。从20世纪80年代末到20世纪90年代初,会展礼仪在我国也逐步发展起来,尤其是近几年来伴随会展业的发展,我国的会展企业、参展企业、参会企业对会展礼仪都赋予了极为重要的形象意义,对其越来越重视。

会展礼仪属于职业礼仪的范畴,是在会展实践活动中形成的人与人之间、组织与组织之间、国家与国家之间相互表示友好和敬意的外在行为规范和准则。

会展礼仪具有丰富的内涵。首先,从修养角度来看,会展礼仪是从业人员的内在修养和综合素质的外在表现;其次,从交际角度来看,会展礼仪是会展相关活动中人际交往中适用的交际艺术;再次,从企业传播的角度来讲,会展礼仪是会展企业、参展企业及其他相关组织塑造品牌、提升价值的方法和技巧。总之,与会展职业相关,会展礼仪是具体而外显的,要求会展从业人员要在穿着、交往、言谈等细节中表现出律己、敬人的良好品性,是具体会展活动、特定企业组织发展以及整个行业发展的润滑剂和催化剂。

1.2.3 会展礼仪的意义

国外会展专家的调查显示,会展活动的参观者中有85%的第一印象来自于会展工作人员,对专业观众而言,影响他们最终决定是否和其他公司合作的因素中,该公司工作人员的因素也能占到80%左右。可见会展从业人员塑造的第一印象对会展活动是否成功,以及会展主办企业和参展企业的后续发展都具有十分重要的意义。

1)提高工作效率

会展活动专业性和综合性强,涉及面广,具体的主办工作和参展、参会工作都是由大量烦琐的细节组合而成,如会展报名、议题筛选、场馆选择、日程安排、现场布置、膳宿安排等。会展礼仪可以指导从业人员按惯例办事,按规则办事,提高工作效率,减少工作失误,避免在礼仪上造成有关各方的矛盾冲突。

2)展现职业精神

会展活动中需要体现出强烈的人文精神、专业精神、团体精神等职业精神。工作人员之间、工作人员和观众之间的交往以职业礼仪为准绳,可以充分体现出上述职业精神,实现礼仪的沟通、协调、维护、教育等功能,保障会展活动顺利进行。

3)塑造企业形象

礼仪是人际交往的通行证,“不学礼,无以立”,对于现代企业来讲,同样如此。会展活动本身是传递企业形象价值的过程,会展礼仪指导企业合乎规范地展示自身形象,可以提高企业知名度和美誉度,塑造良好的企业形象,促使企业品牌资产增值。当然,同样的形象展示活动中,如果企业违背会展礼仪规范,其负面效应也将借助会展活动的影响力而快速扩散。因此,企业要格外重视会展礼仪,扬长避短地发挥形象优势,维护企业品牌。

1.2.4 学习会展礼仪的方法

学习会展礼仪的方法很多,但贵在坚持。很多会展礼仪知识本身并不难理解,但难在养成持之以恒的礼仪习惯,难在将会展礼仪知识内化为个人修为。这里介绍一些具有指导意义的学习会展礼仪的方法。

1)理论联系实际

会展礼仪强调的是在会展实践中人与人、组织与组织、国家与国家交往中的礼仪规范,因此,学习会展礼仪一定要理论联系实际。会展礼仪是通过人的实践活动来体现其意义的。一方面,学生在实践中练习、巩固理论学习的成果。会展活动涉及面广泛,参与人群呈现多样化特征,具有不同的社会背景、职业经历和工作目的。理论教学中无法穷尽所有的交往对象,学生必须在实践中举一反三,实实在在地掌握会展活动中不同场合下与不同人群交往的礼仪要求和技巧。另一方面,会展业正处于蓬勃发展的阶段,学生需要在实践中把握会展活动发展的趋势和潮流,创造性地理解礼仪的理论知识,并对其灵活应用。

2)注意学习的系统性

会展礼仪是职业礼仪的一种类型,汇集了人类文化的结晶,是社会文明的标志,也是会展业发展的标志,内容十分丰富。因此,在学习和训练中要把握系统性原则,结合会展经济活动的客观规律,理解相关的礼仪知识,掌握这些礼仪知识的来龙去脉及相互之间的关系,避免断章取义,造成误解。

3)讲究会展礼仪训练的直观性

会展礼仪是会展活动中人际交往的行为规范,学习和训练过程中要体现出直观性的原则。首先,教师是学生会展礼仪训练中的第一个模仿对象,因此,教师要在讲解中多提供示范动作,吸引学生注意力,使其在课堂上获得直观感受,也为实训教学提供参考。其次,训练过程中可以借助资料图片、知识短片或现场观摩等方法赋予学生更为深刻的直观感受,同时介绍更多的参照对象,供学生有选择地学习、模仿。再次,会展礼仪无处不在,教师要指导学生在课堂内外积极练习,每一个同学都是进行会展礼仪训练的良好范例,同学之间要学会互相点评,直观地掌握训练方法,取长补短,提高个人的会展礼仪水准。

本章小结

礼仪泛指在长期的社会实践中约定俗成的人际交往中人的外在表现形式和规则等行为规范,具有丰富的内涵。礼仪具有普遍性、差异性、继承性的特征,在具体实践中应该遵循平等、尊重、宽容、自律的原则。中国礼仪经历了萌芽阶段、草创阶段、形成阶段、发展和变革阶段、强化和衰落阶段、现代礼仪阶段。一般意义上,礼仪具有沟通、协调、维护、教育功能。会展礼仪伴随会展业的发展而发展和完善起来,是职业礼仪的一种类型,主要指在会展实践活动中形成的人与人之间、组织与组织之间、国家与国家之间相互表示友好和敬意的外在行为规范和准则。除了一般礼仪的功能以外,会展礼仪还有提高工作效率、展现职业精神、塑造企业形象的意义。学习和训练会展礼仪应该掌握理论联系实际、注意学习的系统性、讲究会展礼仪训练的直观性的方法。

实 训

实训项目:案例阅读与讨论

实训目的:理解礼仪的功能

实训内容:阅读案例并分组讨论,每个小组形成自己的意见,派出代表在全班说明本组讨论的结果。

2005 年 4 月,广州商品交易会,各方厂家云集,企业家们济济一堂。华新公司的徐总经理在交易会上听说伟业集团的崔董事长也来了,想利用这个机会认识这位素未谋面而又久仰大名的商界名人。午餐会上他们终于见面了,徐总彬彬有礼地走上前去:"崔董事长,您好,我是华新公司的总经理,我叫徐刚,这是我的名片。"说着,便从随身带的公文包里拿出名片,递给了对方。崔董事长显然还沉浸在之前的与人谈话中,他顺手接过徐刚的名片,回应了一句"你好"并草草看过,就放在了一边的桌子上。徐总在一旁等了一会儿,未见这位崔董有交换名片的意思,便失望地走开了。

讨论主题:

1. 案例中的两位主人公有没有失礼的表现?

2. 结合礼仪的功能说明这些失礼的表现会有什么后果?如果你是当事人,你会怎么做?

教师主要观测点:

1. 观测各小组的合作状态以及成员的参与性。

2. 观测代表的演讲水平和礼仪规范,为后续训练搜集信息。

复习思考题

1. 什么是礼仪?如何理解礼仪的内涵?

2. 礼仪的特征是什么?

3. 礼仪的基本原则有哪些?

4. 简要说明中国礼仪的发展历程。

5. 礼仪具有哪些功能?请举例说明。

6. 什么是会展礼仪？应该如何理解会展礼仪的内涵？

7. 会展礼仪对会展从业人员和有关企业具有哪些意义？

8. 结合会展礼仪学习的方法和个人特点拟订本课程的学习和训练计划。

第2章
会展从业人员职业形象塑造

【本章导读】

在会展商务交往中,会展从业人员的形象礼仪不仅体现着个人精神风貌和工作态度,也体现着其所在企业的企业文化和经营管理服务质量。通过对本章的学习,学生应该了解会展从业人员塑造自身职业形象的重要意义和作用,掌握仪容仪态礼仪、职业交往礼仪等方面的规范和操作要点。

【关键词汇】

职业形象　礼仪

2.1 会展从业人员职业形象

会展行业作为一种高收入、高赢利的新兴行业,因其强大的辐射效应而被誉为“城市的面包”、“行业的风向标”,正受到我国众多城市的青睐和各级政府的高度重视。作为一种新兴职业,会展从业人员已经意识到良好的职业形象对于这一职业的重要性。它不仅能够提升个人品牌价值,而且还能提高自己的职业自信心。职业形象被公认为是职业素质的重要体现,是取得事业成功的关键因素之一。在会展商务活动中,职业形象不仅能真实地反映每一名会展从业人员的教养、阅历和职业素养,还准确地体现着他所在企业的文化水平和经营管理质量。

2.1.1 会展职业形象的概念及内涵

1)会展职业形象的概念

美国著名管理学家汤姆·彼得斯在一本书中写到:“建立个人品牌,是21世纪工作的生存法则。21世纪的工作,已经从做一份工作追求一个事业,转变到建立个人品牌。”他所讲的“个人品牌”正是个人职业形象。那么,什么是职业形象呢?严格来讲,职业形象是指个人与其职业相适应的、能反映其内在气质和职业特点的外在形象及行为举止。从这个意义上来讲,将会展职业形象定义为从事会展工作的个人表现出来的能反映其内在气质和会展行业职业特点的外在形象及其行为举止。会展职业形象并不是一个简单的外表长相和穿衣打扮的概念,而是一个人全面素质的展现,是一个秀外慧中的、整体的、动态的印象。会展从业人员的职业形象应以简洁、大方、庄重、得体为基调。

2)会展职业形象的内涵

良好的会展职业形象,能够展示出会展从业人员的自信、尊严、力量、专业水平和能力,是事业成功的必备素质。社会学和心理学认为,人的能力、性格、气质等内在的品质往往可以通过外部特征表现出来。人们在长期的社会活动中对不同的社会角色形成了相对稳定的判断标准和心理预期,因此,在人际交

往中会通过语言、动作及服饰等外部特征对他人做出判断和评价。因此,会展职业形象的内涵就可以表现为两方面:

①外在方面:仪容仪表、着装配饰、语言表达等其他举止行为。

②内在方面:价值观、人生观、知识、技能、素质(又称软技能,包括沟通能力、交际能力、领导能力、组织协调能力、战略思考能力、全局把握能力等)、个性、品格、职业道德、文化修养等因素。

3)会展职业形象的意义

对会展工作人员个人而言,会展的职业形象的意义有以下几个方面:首先,良好的职业形象可以在人际交往初期打破人们的心理防范,赢取对方信任,为今后建立良好的交际与合作关系打下基础;其次,良好的职业形象展示的是自身的专业素养和能力,带给交往对象以信任和安全感,有利于实现合作的成功和目标的达成,从而提升个人的绩效水平;再次,良好的职业形象可以有利于建立自信,从而保持积极、乐观、向上的心态,有助于调整自身的不良行为,完善自身言行举止;最后,良好的职业形象可以在企业内部赢得上级和同事的好感,为事业发展铺平道路,打开职业晋升的阶梯。

对会展企业来讲,企业员工个体的形象直接代表着企业的整体形象,直接反映着企业整体素质、经营管理规范程度和企业的组织文化,代表着企业产品和服务的质量和信誉,直接影响企业的社会认可度和美誉度,最终影响着会展企业终极目标的实现。

2.1.2 会展职业形象的培养要求

职业形象主要表现为留给他人的印象。这些印象包括了一个人的容貌、气质、服饰、语言、行为举止、礼仪等。如何培养、塑造出良好的会展职业形象,关键是要明确培养会展职业形象的要求,也就是要了解人们对会展从业人员这一职业形象的评判标准和预期希望。有了“标准”,了解了“规则”,按要求去做就容易多了。知名形象设计师鞠瑾女士认为,一个人好的形象,不光是把自己打扮得美丽、英俊,最主要的是要做到自身发型服饰、气质、言谈举止与职业、场合、地位以及性格相吻合。因此,在塑造职业形象时,会展从业人员应注意以下几项职业形象塑造的要求:

1)与自身职业相契合

良好的职业形象都需要诸如专业、诚信、自信等基本素质和要求。但是由于职业差异,不同职业外在形象有所不同,比如公务员应该是公正廉洁的形象,银行职员应是稳重大方、办事果断的形象,律师需要专业可信的形象,化妆品推销员应该是时尚美丽的形象。不同的职业反映在从业人员的服饰、气质、语言等外在形象方面一定要有所不同,塑造职业形象首先要明确所从事职业的特点和评价标准。

2)与自身身份相契合

即使从事同一种职业,由于不同的年龄、性别、个性上的差异,在职业形象设计上也要有所差异,不能千篇一律,特别是在着装等方面要与个性因素相吻合。另外,由于处于企业组织中的不同职位,每个人拥有不同的身份,尤其是高层管理者。高层管理者的职业形象一定要有影响力和感召力,能够影响和带动组织内的其他成员。

3)与所在企业文化相契合

不同的组织有不同的文化,反映着组织管理者的理念和价值标准,对组织成员的职业形象也有不同的要求。个体要想融合在组织当中,其外在形象和行为标准就要与企业文化相一致,才能得到组织认同和接纳,获得归属感。与组织文化相悖,就会被组织孤立,阻碍职业发展的道路。

4)与所处周围环境相契合

每个职业人员的活动空间不仅仅局限于办公室内。由于工作、生活的需要,职业人士经常会处于不同的场合和环境中,扮演不同的社会角色。其外在形象就要随着角色和场合的变化进行适当的调整,做到与周围环境、场地相一致。

2.1.3 会展职业形象的培养方法

会展从业人员在日常的各类商务活动、工作、生活中,要塑造好、维护好自身形象,往往是需要诸多因素的,包括本人的个性、受教育程度、职业经历、个人兴趣爱好、艺术鉴赏能力、专业训练等。职业形象的培养也不可能一蹴而就,这就要求个人要在日常生活、工作中注意在这一方面严于律己,努力学习,持之以恒,并且依照有关的规范办事,从点滴做起,慢慢积累,促使自身的职业形象日臻完美。

1) 加强修养，提升人格魅力

大量的研究和实践证实，在决定人们成功的主观因素中，智力因素约占20%，而80%的因素则属于非智力因素。这里的非智力因素就是通常所说的情商，是一种了解控制自我情绪、理解疏导他人情绪，通过情绪的自我调节、控制，以提高生存质量的能力。情商虽然是一种内在的能力，但是可以通过有意识的训练和自我暗示达到把握与控制。因此，加强自身的修养，建立高尚的价值观，培养积极乐观的心态，就会展示出动人的人格魅力。内在的修养会通过外在的形象自然表达与展示，为职业形象增添迷人的色彩。

2) 不断学习，提高专业素养

当今社会变化是永恒的主题。要想跟上这个变化的时代，就要有开放进取的意识，培养学习的习惯。既要学习和积累丰富的生活经验，增加个人阅历，提升个人生活的质量，也要学习专业的知识和技术。成功的职业形象毕竟是以职业为基础，具备良好的职业素养和技能水平是职业形象的基本特征，因此，掌握一定的专业技能，了解本行业特定的行为规范或行为标准，培养自己的职业素养，养成良好的职业行为习惯，是塑造成功职业形象不可缺少的途径。

3) 精心包装，打造个人品牌

西方心理学家研究得出结论，在人际交往中一个人外表占其个人印象的55%，说话的声音和方式则占个人印象的38%，而信息或说话的内容仅占7%。因此，要给人留下良好的印象，首先就要对自己进行外在形象设计和包装，拥有一个干净整洁的仪表，穿戴与职业、身份相符的职业化服饰，恰当地运用人际交往的礼仪，适度的肢体语言和有个性的声音，都是特有形象标志，共同构筑出职业形象的品牌。

4) 注重细节，提升个人品味

细节决定成败，这句话同样适用于职业形象的塑造。个人的修养、内涵、品味，往往在不经意的细节中体现出来。华丽的衣饰掩盖不了粗俗的举止，盲目的消费体现不了高尚的品味，强词夺理的气势体现不了真实的实力，一些不经意的细节，往往能颠覆你精心建立起来的形象。因此，要经营好自己的形象品牌，要从内到外、从大到小，全方位不断地充实、调整和完善自我。

2.2 仪容仪态礼仪训练

2.2.1 仪容礼仪

仪容礼仪是会展从业人员的个人形象工程，是心灵美的外在表现，是自尊自爱的表现，是对他人的礼貌与尊重，同时也代表着所在企业的形象。

1)仪容礼仪对头发的要求

头发是人体的“制高点”，它是一个人身上最吸引他人视线的地方，在仪容美中占有举足轻重的地位。

(1)保持头发的日常整洁

保持清洁、健康的头发的方法主要有以下几种：其一，勤洗头。洗头要注意水质和水温(40 ℃的温水)，以及选用适合自己的洗发水，让头发自然晾干，不能经常使用电吹风吹头发，这样容易使头发干燥、发黄，缺失韧性和光泽；其二，勤于修剪，保持整齐合适的发型；其三，勤梳理，并且梳理得法，应一束一束地慢慢梳理，切不要性急乱扯乱拉。梳头除了理顺头发之外，还可以促进血液循环和皮脂分泌，提高头皮和头发的生理机能。但切忌当众梳理头发。

(2)头发长短应男女有别

对于会展从业人员而言，男士一般以短发为主，前发不遮额头，侧发不遮双耳，后发不及衣领，不宜留大鬓角，也忌剃光头。女士发长可因其身形、年龄、职业而定，应与其身形成正比，与其年龄相适应，与其职业相匹配。

(3)根据自己的特点慎选发型

发型应与自己的体态、年龄相匹配；应与自己的脸型相协调；发型应与自己的身份、工作性质和周围环境相匹配。

2)仪容礼仪对面部的要求

对面容最基本的要求是时刻保持面部干净清爽，无汗渍和油污等不洁之物。修饰面部，首先要做到清洁。清洁面部最简单的方式，就是洗脸，其中要注意以下细节：

(1)眼部

注意清除眼部分泌物。

注意修眉。修饰眉毛是个人美容的需要,眉形刻板或杂乱不雅观的话,可进行必要的修饰。

(2)耳朵

耳朵要注意保洁。平时洗澡、洗头、洗脸时,应安全地清洗一下耳朵,及时清除耳朵孔中的分泌物。

(3)鼻子

鼻腔要随时保持干净,不要让鼻涕或别的东西充塞鼻孔,同时注意修剪长到鼻孔外的鼻毛。对于女士而言,鼻头有黑头是妆容大忌,应注意对鼻头黑头进行清理。

(4)嘴部

清洁口腔。牙齿洁白,口腔无异味,是对口腔的基本要求。为此最好每天坚持早、中、晚刷3次牙,每次刷牙宜在饭后3分钟进行,以去除残渣、异味。另外,在重要应酬之前忌食蒜、葱、韭菜、萝卜、腐乳等可让人口腔发出刺鼻气味的东西。必要时可含茶叶、嚼口香糖去除异味。

清理胡须。男士应养成每天修面剃须的良好习惯,即使是要蓄须,也要经常修剪,保持卫生。在正式场合,男士留着乱七八糟、长短不一的胡须,一般会被认为失礼,而且会显得邋遢。对于未蓄须者,则切忌胡子拉碴地出席各种正式社交场合,这不仅损坏个人形象,也会显得对他人不敬。

护唇。呵护自己的嘴唇,防止嘴唇开裂或生疮,特别是在气候干燥的冬季。此外,还应避免唇边残留分泌物或其他异物。

(5)脖颈

面部清洁时往往容易忽略的地方就是脖子,尤其是脖后、耳后,要注意对其进行清洁,绝不能让脖颈成为"藏污纳垢"的地方。

3)仪容礼仪对手部的要求

手部被称为人的第二张脸,它和脸部、颈部一样常常露在服饰之外。并且,握手作为最普通、最基本的礼节,也使手的出现频率较高。因此,注意清洁和美化手部是不容忽视的。

(1)做好手部保洁

手部保洁要做到勤剪指甲、勤洗手,既可避免传染疾病的传播,清洁、柔软的手又能增添他人的好感。

(2)不宜在指甲上涂饰彩妆

涂搽无色和自然肉色的指甲油可以起到保护指甲的目的,能增强指甲的光泽感和色泽感。但作为会展从业人员,一般不宜在手指甲上涂抹各种彩色的指甲油,如色彩过于鲜亮的橘红、朱红、明黄或是过于时尚前卫的黑色、灰色、白色等指甲油;更不适宜在手背、手臂上使用贴饰、文身或刺字。

(3)不露腋毛

在较为正式的各种场合,一般不宜穿裸露肩部的上衣,即使特殊场合有所需要穿无袖装时,也必须剃去腋毛,避免出现腋毛外露的不雅仪表。

4)仪容礼仪对脚部的要求

仪容的修饰与美化,要尽量避免"凤凰头,扫帚脚"的毛病,全身上下应协调一致。

(1)保持脚部的清洁

一要勤洗脚。人的双脚不但易出汗,且易产生异味,必须坚持每天洗脚。二是要勤换鞋袜。应每天换洗一次袜子,避免脚臭。还要尽量不穿不透气、吸湿性差、易产生异味的袜子,对于鞋子也要经常换洗晾晒。

(2)脚部的适度修饰

其一,男士、女士均应避免裸露腿部。在正式场合中,如在办公室内,男士应尽量避免穿短裤,即使是在炎热的夏季也应注意;女士则应避免穿超短裙或超短裤,穿着职业套裙时,应该搭配合适的长筒袜或连裤袜。其二,不赤脚,不露趾,不露跟。在比较正式的场合,是不适宜赤脚穿鞋的,更不宜穿凉鞋或拖鞋,即使穿了袜子,露趾露跟也极损自身形象。

2.2.2 化妆规范技巧

对会展从业人员而言,化妆是职业工作需求,也是对他人尊敬礼貌的行为。成功的妆容应是清新淡雅、自然健康、鲜明和谐并富有个性的。

1)化妆应与个人年龄相适应

不同年龄的女士应采用不同的化妆方法。年轻女士适用于清淡的化妆法,反之,过厚的底色,浓重的眼影、腮红和唇色,会使少女失去原有的纯真和自然;

中年女性的皮肤不如少女的光洁柔嫩,眼角等处也出现了细细的皱纹,因此应选用化适度浓妆;年老女性应使用乳液状化妆品滋润肌肤,但绝对避免扑粉。为使肤色保持一致,涂底色时要抹到喉咙或颈脖处。眼睑处的皱纹,应用乳状眼影或眼线笔加以掩饰。单纯光亮的口红会使中年女性上唇皱纹更明显,而选用带珍珠色系列的口红,可以丰润嘴唇,使嘴唇富于光泽和显得年轻。

2)化妆应与个人皮肤相适应

皮肤有干性皮肤、油性皮肤和混合性皮肤之别,还有不同肤色之分,因此,保养、化妆的方法也有所不同。

3)化妆的浓淡要与时间、场合相协调

化妆应随时间、季节、场合的变化而变化。对于会展职业女性而言,白天在一般工作场合下化妆应以淡雅、清新、庄重、自然为宜。而组织参与晚间娱乐活动时,又适宜浓妆。会展职业女性经常出席不同的场合,其化妆要求也各不相同。社交妆宜雅,用优雅的淡妆、得体的着装、沉稳的风韵、渊博的知识,烘托出高雅的气质。盛会妆宜浓,经常要组织参与甚至出席宴会、舞会等晚间社交活动,按照礼仪标准,要求浓妆艳抹,粉扑要厚、胭脂要重、唇彩要红、画眉要浓、眼线要明、睫毛要显,运用各种妆容技巧,塑造整体和谐美,使容貌明艳靓丽、光彩照人,这也是尊重宾客的表现。

4)不宜当众化妆、补妆

化妆属于个人的私事,应在自己的私人空间中完成。修饰避人,这是个人重要礼仪规范,若是在公共场合化妆,会显得缺乏修养,是既不尊重自己也不尊重他人的表现;不应在异性面前化妆,以免产生搔首弄姿、吸引异性之嫌,使自己形象打折。若发现自己妆容残缺,应及时补妆,切忌残妆示人,补妆时也要回避他人。

2.2.3 正确的体态

1)站姿挺拔

站姿是会展从业人员工作和日常生活中引人注意的第一姿势,是仪态美的起点,是发展不同动态美的基础,良好的站姿能塑造良好的气质和风度。

站姿的要领是：一要平，即头平正、双肩平、两眼平视；二要直，即腰直、腿直，后脑勺、背、臀、脚后跟成一条直线；三要高，即重心上拔，看起来显得高。

标准的站姿，从正面看，全身笔直，精神饱满，两眼正视（而不是斜视），两肩平齐，两臂自然下垂，两脚跟并拢，两脚尖张开60°，身体中心落于两腿正中；从侧面看，两眼平视，下颌微收，挺胸收腹，腰背挺直，手中指贴裤缝，整个身体庄重挺拔。

在正式场合中，肃立时，身体直立，双手自然垂直置于身体两侧，双腿并拢，脚跟靠紧，脚掌分开呈"V"字型；直立时，身体立直后，双腿并拢，男士可双脚并拢，也可调成"V"字型，双手下垂身体两侧，也可将手放于背后，自然贴于臀部，女士，双腿并拢，双脚可调成"V"字型或"丁"字型，双臂自然下垂，右手搭于左手上，贴于腹部。

2）坐姿端庄

首先要站好，全身保持站立的标准姿态，两腿平行于椅子前面，弯曲双膝，挺直腰背坐下。落座时声音要轻，动作要缓。落座过程中，腰、腿肌肉要稍有紧张感。坐时，上身正直而稍向前倾，头、肩平正，两臂贴身下垂，两手可随意摆放在大腿上，两腿外沿间距与肩宽大致相等，两脚平行自然着地。人在坐着时，由臀部支撑上身，减少了两腿的承受力。由于身体重心下降，上身适当放松，可减轻心脏的负担。因此坐姿是一种可以维持较长时间的姿势。它既是一种主要的白昼休息姿势，也是一般的工作、劳动、学习姿势，还是社交、娱乐的常见姿势。正因为这个缘故，坐姿要求端正、大方、舒展。

图2.1　常见坐姿

3)行姿优雅

行姿又称步态。行姿要求“行如风”,是指人行走时,如风行水上,干净利落,有一种轻快自然的美。

首先,优雅的行姿要求双目向前平视,微收下颌,面容平和自然,不左顾右盼,不回头张望,不盯住行人乱打量。双肩平稳,肩峰稍后张,大臂带动小臂自然前后摆动,肩勿摇晃。前摆时,手不要超衣扣垂直线,肘关节微屈约30°,掌心向内,勿甩小臂;后摆时勿甩手腕。上身自然挺拔,头正、挺胸、收腹、立腰,重心稍向前倾。

其次,优雅的行姿要求步位恰当、步幅恰当、步态恰当、步韵恰当。行走时,假设下方有条直线,男士两脚跟交替踩在直线上,脚跟先着地,然后迅速过渡到前脚掌,脚尖略向外,距离直线约5 cm。女式则应走一字步走姿,即两腿交替迈步,两脚交替踏在直线上(一字步走姿)。男性步幅(前后脚之间的距离)约25 cm,女性步幅约20 cm。步幅与服饰也有关,如女士穿裙装(特别是穿旗袍、西服裙、礼服和穿高跟鞋)时步幅应小些,穿长裤时步幅可大些。性别不同,步态也有所区别。男性步伐矫健、稳重、刚毅、洒脱、豪迈,好似雄壮的“进行曲”,气势磅礴,具有阳刚之美,步伐频率每分钟约100步;女性步伐轻盈、玲珑、贤淑,具有阴柔秀雅之美,步伐频率约每分钟90步。就步韵而言,跨出的步子应是全部脚掌着地,膝和脚腕不可过于僵直,应该富有弹性,膝盖要尽量绷直,双臂应自然轻松摆动,使步伐因有韵律节奏感而显优美柔韧。

优雅的行姿切忌把手插进衣服口袋里,尤其不可插在裤袋里。

4)手势

手势是不可缺少的动作,是最有表现力的一种“体态语言”。手势表现的含义非常丰富,表达的感情也非常微妙复杂。

标准的手势应是手掌自然伸直,掌心略向内向上,手指并拢,拇指稍稍自然分开,手腕伸直,使手与小臂成一直线,肘关节自然弯曲,大小臂的弯曲以140°为宜。在出手时,要讲究柔美、流畅,做到欲左先右,避免僵硬死板、缺乏韵味。同时配合眼神、表情和其他姿态,使手势更显协调大方。

2.3 着装配饰技巧

2.3.1 会展职业着装原则

在会展活动中,从业人员的着装打扮必须既符合身份,又符合规范。主要的原则有以下几条:

1)基本应用原则——TPO 原则

TPO 原则即指选择穿着服饰时要考虑时间(time)、地点(place)和场合(occasion)3 个要素。

①T 原则,即时间原则,主要是指穿戴服饰时应考虑时代性、季节性和早晚性,要因时制宜,穿着得体。

②P 原则,即地点原则,主要是指服装穿戴要与即将出席的空间环境相适应,切忌不分地点、不看环境胡乱穿戴。

③O 原则,即场合原则,主要是指衣饰打扮应顾及活动场所的气氛。一般应事先有针对性地了解活动的内容和参加人员的情况,再根据经验设计、挑选适合该场合气氛的服饰。例如,庄重、严肃的庆典、仪式活动应尽量穿着正规;出席晚会、晚宴、舞会则要华丽、漂亮;参加婚礼又应穿着喜庆、鲜艳。

2)个性与协调原则

根据不同年龄、体型、肤色、身份地位,来确定服装款式、面料、色彩与装饰物。只有个性化的服装,才能与个性和谐一致,在会展活动中充分展示个人的礼仪风范。

(1)身份地位和年龄相协调

年龄大小往往决定服装的风格和款式。年轻人可选择活泼多变、青春朝气的服装;中年人可选择较正式的西服、套装、休闲服以及裙摆线在膝盖以下的裙装;老年人则可选择整体美观、简洁随意、舒适的 H 造型服饰,即肩、腰、下摆、三围松紧适当,不过分束腰紧身的服饰。此外,着装配饰还应与身份地位相协调。

(2)体型、肤色和色彩相协调

服饰的选择要与自身体型、肤色相协调,做到扬长避短。高个子属较为理想的体型,需要选择线条流畅的服装。做到"两不宜"和"两避免",即不宜用垂直的线条,不宜做高卷的发型和戴高帽子;避免穿短小、紧身的衣服,避免使用黑色、暗色。要从腰间将颜色组合打破,用明色或对比色的腰带切开。身材矮小是一种不太匀称的身材,因此要避免穿水平线的衣服,可选择垂直线的衣服。长条或长上衣从视觉上可增加身高。若是宽大、笨重的衣服,则会使人显得更加矮小。身材矮小的人适宜穿着造型简单、色彩明快、小花型图案的服装。体瘦的人要避免穿过长、紧身、窄小的服饰,不宜穿黑色衣服,在颜色的搭配上应多选用浅色,可使身型加宽。身型方正的人,可使用流畅、柔和、流线型的款式来改变这种呆板、四平八稳的体型,服装不宜贴身和宽大,颜色要求浅淡,切忌鲜艳。除了体型因素外,服装色彩还应与肤色相协调。肤色白皙者宜选择暗色系、粉色系服饰,不适宜穿色彩过于明亮的服饰,显不出肤色白皙的优点;肤色黑者,则不适宜暗色系的服装,否则整体给人感觉较沉闷;而淡褐色肌肤则适宜选择亮色系服饰,以反衬出肤色。

2.3.2 日常着装配饰技巧

1)男士西服着装基本规范

西服是一种国际性服装,又称西装、洋服,它起源于欧洲,是目前全世界最流行的一种服装,也是男士在正式场合着装的最佳选择。一套合体的西装,可以使穿着者显得潇洒、精神、风度翩翩。人们常说:"西装七分在做,三分在穿。"因此,在穿着西装时应注意以下几点:

①拆除商标。穿西装前,要把上衣左袖口的商标或质地的标志拆掉。有些高档西装,在购买的时候,就已拆掉商标了。

②扣好纽扣。不管穿什么衣服都要注意把扣子扣好。而穿西装时上衣纽扣的系法讲究最多。大庭广众之下起身站立后,上衣的纽扣应当系上。就座后,上衣纽扣可以解开,以防衣服走样。如果是单排扣上衣,里面穿了背心或羊毛衫,站的时候可以不系扣子。通常,系西装上衣纽扣的时候,单排两粒纽扣只系上边那粒;单排三粒纽扣的可以只系中间或是上中两粒扣子。但双排扣西装要求把所有能系的纽扣统统系上。西装背心只能和单排扣西装上衣配套。纽扣数目不等,西装背心可以分为单排扣式和双排扣式两种。根据惯例,单排扣式西装背心的最下面那粒纽扣应当不系,双排式西装背心要把全部纽扣统统系上。不管是单穿,还是和西装上衣配套,都要认真地扣上纽扣,不能敞开。西裤

有的是纽扣,有的是拉锁来为裤门“把关”。不管是哪种,都要时刻提醒自己,把扣子全部系上,或是认真拉好拉锁。而且上面的挂钩,也要挂好。

③避免卷挽。不可以当众随心所欲地脱下西装上衣,也不能把衣袖挽上去或卷起西裤的裤筒,否则,就显得粗俗、失礼。

④简洁。为使西装在外观上不走样,西装口袋就要少装甚至不装东西。上衣、背心和裤子同样如此。西装上衣的外胸袋除了放装饰的真丝手帕以外,不要再放其他东西;内侧的胸袋,可以放钢笔、钱夹或名片夹,但不要放过大过厚的东西;外侧下方的两个大口袋,原则上不放东西。西装背心的口袋多起装饰作用,一般只放怀表。西装裤子侧面的口袋只可以放纸巾、钥匙包或者小钱包;后侧的口袋,最好什么也不放。

⑤掌握西装着装四不要:

一是衣袖不要过长。最好是在手臂向前伸直时,衬衫袖子要露出 2 ~4 cm。

二是衣领不要过高。一般在伸直脖子时,衬衫领口以外露 2 cm 左右为宜。

三是雨天不穿西装。因为西装上衣淋湿后,很容易变形。

四是不要只穿一套。衣服的纤维有类似橡胶的伸缩性能,衣服穿在身上,纤维伸拉适体,衣服脱下会回缩恢复原状,只不过恢复时间较长而已。因此,西装最好准备两套以上轮流穿。保持西装式样不变,并减少衣服的磨损,自己也会有新鲜感。

⑥注意搭配。西装的标准穿法是内穿衬衫,衬衫内不穿棉纺或毛织的背心、内衣。如果确实需要在衬衫内穿着其他衣物,则以一件为限,否则会显得很臃肿。色彩上要和衬衫的色彩相仿,至少不能比衬衫的色彩深,免得“反差”鲜明。内衣的领口和袖口要比衬衫的领口低,以免外露。冬天最好穿上一件“V”领的单色羊绒衫或羊毛衫,这样既不显得花哨,也可以打领带。西装的韵味,不是仅靠穿出来的,而是和其他衣饰一道精心组合搭配出来的,主要有西装和衬衫、领带、鞋袜的组合搭配。

⑦注意领带的选择。领带是西装的灵魂,在西装的穿着中起到画龙点睛的作用。最好的领带,是用真丝或者羊毛制作成的。涤丝领带有时候也可以选用,但用棉、麻、绒、皮、革、塑料、珍珠等物制成的领带,在正式场合时最好不要佩戴。一般下端为箭头的领带,比较传统、正规;下端是平头的领带,就显得时尚、随意一些。领带的宽窄要和腰围、西装上衣衣领形成正比。而那种简易的“一拉得”领带,不适合在正式场合使用。领带选择的基本原则是:衬衫、领带与西装三者之间要和谐、协调。

2)女士套裙着装基本规范

所有适合职业女士在正式场合穿着的裙式服装中,套裙是首选。它是西装套裙的简称,上身是女式西装,下身是半截式裙子。也有三件套的套裙,即女式西装上衣、半截裙外加背心。套裙,可以分为两种基本类型:一种是用女式西装上衣和随便的一条裙子进行的自由搭配组合成的"随意型";一种是女式西装上衣和裙子成套设计、制作而成的"成套型"或"标准型"。

穿着套裙应注意:

①大小适度。上衣最短可以齐腰,裙子最长可以达到小腿中部,上衣的袖长要盖住手腕。

②穿着仔细、端正。上衣的领子要完全翻好,衣袋的盖子要拉出来盖住衣袋;衣扣一律全部系上,不允许部分或全部解开,更不允许当着别人的面随便脱下上衣。

③要注意场合。女士在各种正式活动中,一般以穿着套裙为好,尤其是涉外活动中。其他情况就没必要一定穿套裙。当出席宴会、舞会、音乐会时,不宜穿着套裙,因为在这些高度放松的场合里,还穿套裙的话,会使你和现场"格格不入",还有可能影响到别人的情绪。同样,外出观光旅游、逛街购物、健身锻炼时,也不宜穿着套裙。

④套裙应当协调妆饰。通常穿着打扮,讲究的是着装、化妆和配饰风格统一,相辅相成。穿套裙时,为了维护好个人的形象,应该适当着淡妆。选择配饰也要少而精,合乎身份。在工作岗位上,不佩戴任何首饰也是可以的。

⑤兼顾举止。套裙最能够体现女性的柔美曲线,这就要求你举止优雅,注意个人的仪态等。当穿上套裙后,站立时要又稳又正,不可以双腿叉开,站得东倒西歪。就座以后,务必注意姿态,不要双腿分开过大,或是翘起一条腿来,抖动脚尖;更不可以脚尖挑鞋直晃,甚至当众脱下鞋来。走路时不能大步地奔跑,而只能小碎步走,步子要轻而稳。拿自己够不着的东西,可以请他人帮忙,千万不要逞强,尤其是不要踮起脚尖、伸直胳膊费力地去够,或是俯身、探头去拿。

⑥要穿衬裙。穿套裙的时候一定要穿衬裙。特别是穿丝、棉、麻等薄型面料或浅色面料的套裙时,避免内衣"活灵活现"。可以选择透气、吸湿、单薄、柔软面料的衬裙,而且应为单色,如白色、肉色等,以确保衬裙和外面套裙的色彩相互协调。衬裙应该大小合适,不要过于肥大。裙腰不能高于套裙的裙腰,不然就暴露在外了。要把衬衫下摆掖到衬裙裙腰和套裙裙腰之间,不可以掖到衬裙裙腰内。

⑦注意鞋袜的搭配与选择。用来和套裙配套的鞋子,应该是皮鞋,并且以黑色的牛皮鞋最好,和套裙色彩一致的皮鞋也可以选择。袜子可以是尼龙丝袜或羊毛袜。但鲜红、明黄、艳绿、浅紫色的最好别穿。袜子可以有肉色、黑色、浅灰、浅棕等几种常规颜色选择,最好是单色。穿套裙的时候,应注意鞋、袜、裙之间的颜色协调。鞋、裙的色彩必须深于或略同于袜子的色彩。

2.3.3 礼服

对于会展从业人员而言,由于其需要在正规或较为正式的场合从事工作的特殊要求,因此有必要了解礼服的礼仪规范。

1)男士礼服

(1)中山服

中山服据说是为了纪念我国伟大的革命先驱孙中山先生而命名的,极富中国特色,是我国传统的男士礼服。中山服前门襟有5颗扣子,带风纪扣的封闭式领口,上下左右共有4个贴袋,袋盖外翻并有盖扣,一般应选用上下身同色的深色精致毛料裁剪而成。穿着时,应将前门襟、风纪扣、袋盖扣全部扣好,口袋内不宜放置杂物,以保持平整挺括。穿着时应搭配擦亮的黑色皮鞋。中山服适用于各种正式礼仪活动场合,是我国男士礼服首选。

(2)西装

西装是目前世界各地最普遍、最受欢迎的男士礼服,其最大的特点是简便、舒适,它能使穿着者显得稳重高雅、自然洒脱。西装的样式很多,领型有大小驳头之分,前门有单、双排扣之分,扣眼有1,2,3粒之分;口袋有明暗之别;套件可分为两件套(上下装)和三件套(上下装加背心)。作为礼服的西装应选用上下身同色的深色毛料精制。穿着西装时,应注意衬衫、领带、鞋袜、皮带与西装的统一协调,应遵循三色原则;必要时还要配折花手帕。

(3)大礼服

大礼服也称燕尾服,是西式晚礼服的一种,由深色高级衣料制成,前身较短,后身较长,下端分开像燕子尾巴,翻领上镶缎面,裤腿外侧有丝带,通常搭配白色领结、黑色皮鞋、黑色袜子,戴白色手套。

(4)晨礼服

晨礼服通常上装为灰色或黑色,后摆为圆尾形;下装为深灰色黑条裤,戴黑礼帽;系灰领带,穿黑皮鞋。白天参加各种庆典、婚礼时可选用。

2)女士礼服

(1)旗袍

旗袍和中山服一样,是我国具有民族特色的礼服。旗袍有各种不同的款式和花色。紧扣的高领、贴身、衣长过膝、两旁开衩、斜式开襟,这些是旗袍的特点。在礼仪正式场合穿着的旗袍,其开衩不宜过高,应到膝关节上方3.33~6.66 cm为最佳。穿着旗袍应配穿高跟鞋或半高跟鞋,或配穿高级面料、制作考究的布鞋。

(2)大礼服

大礼服为袒胸露背的单色拖地或不拖地的连衣裙,这样的礼服一般适合皮肤白皙、身材高挑、苗条的女士,同时要注意佩戴颜色相同的帽子和长纱手套以及各种饰物。

(3)小礼服

小礼服通常是指长至脚面而不拖地的露背式衣裙。这种礼服比大礼服的使用范围更灵活宽泛一些,可以在小型派对或较正式的场合穿着。

2.4 一般职业交往礼仪

职业交往礼仪具有相对的稳定性、一定范围的通用性、明显的效益性和准强制性。会展从业人员在职业交往中,遵守人际交往礼仪是顺利进行自我展示、自我宣传、促进事业成功的重要条件,更是为公司树立良好礼仪形象的重要条件。因此,掌握一些基本职业交往礼仪具有极其重要的实际意义。

2.4.1 介绍与自我介绍

在社交和商务工作场合,介绍是最常见的与他人认识、沟通、增进了解、建立联系的方式,正确的介绍可以使不相识的人相互认识,显示出良好的交际风度。

1)介绍的规则

①将男士介绍给女士:在介绍的过程中,先提到某个人的名字是对此人的

尊敬。在介绍时,介绍人通常应先把男士介绍给女士,并引导男士到女士面前做介绍,介绍过程中,女士的名姓应先提及。如:

"李小姐,我来给您介绍一下,这位是张先生。"

②将年轻者介绍给年长者:在介绍男女相识时,若男士年长,应将女士先介绍给男士,以示对长者的尊敬。如:

"王伯伯,让我来为您介绍一下,这位是我的同事林小姐。"

同样,在介绍同性别的两人认识时,也应遵循年轻者介绍给年长者的规则。

③将地位低者介绍给地位高者:在年纪相差不大的男士或女士中,并不计较把谁先介绍给谁,但在介绍两人或几个人相识时,地位、职级有别时,应注意把其他人介绍给地位、职级较高的人。如:

"王总,这是这次展台设计的主要负责人小谢。"

2)介绍时应注意事项

①介绍者先行征求被介绍双方的意见,切勿上去开口即讲,显得很唐突,让被介绍者感到措手不及。

②被介绍者在介绍者询问自己是否有意认识某人时,一般不应拒绝,而应欣然应允。实在不愿意时,则应说明理由。

③介绍人和被介绍人都应起立,以示尊重和礼貌;待介绍人介绍完毕后,被介绍双方应微笑点头示意或握手致意。

④在宴会、会议桌、谈判桌上,视情况介绍人和被介绍人可不必起立,被介绍双方可点头微笑致意;如果被介绍双方相隔较远,中间又有障碍物,可举起右手致意或点头微笑致意。

⑤介绍完毕后,被介绍双方应依照合乎礼仪的顺序握手,并且彼此问候对方。问候语有"您好,很高兴认识你"、"久仰大名"、"幸会幸会",必要时还可以进一步做自我介绍。

介绍具体人时,要有礼貌地以手示意,而不要用手指点。

3)自我介绍

自我介绍是介绍的一种形式,是在没有中介介绍人的情况下,把自己介绍给其他人,以便对方认识自己的一种方式。

自我介绍的基本程序是:表情坦然、亲切,态度镇定而充满信心,注视对方,举止庄重大方,表现出渴望认识对方的热情。先向对方点头致意,得到回应后再向对方介绍自己的姓名、身份和单位,同时递上准备好的名片。如果见到陌生人就紧张、畏怯、语无伦次，不仅说不清自己的身份和来意，还会造成难堪的场面。

做自我介绍，应根据不同的交往对象内容繁简适度。自我介绍总的原则是简明扼要，一般以半分钟为宜，情况特殊的也不宜超过 3 分钟。如果对方表现出有认识自己的愿望，则可在报出本人姓名、供职单位、职务（即自我介绍三要素）的基础上，再简略地介绍一下自己的籍贯、学历、兴趣、专长及与某人的关系等。自我介绍应该实事求是，既不能把自己拔得过高，也不要自卑地贬低自己。介绍用语一般要留有余地，不宜用"最"、"第一"、"特别"等极端的词语。在会展活动中，还可以用名片、介绍信、工作证等作为辅助方式，以增强对方对自己的信任程度。

自我介绍有一些忌讳需要注意：

①不要过分夸张热诚。如大力握手或热情拍打对方手背的动作，可能会使对方感到诧异和反感。

②不要打断别人的谈话而介绍自己，要等待适当的时机。

③不要态度轻浮。无论男女都希望别人尊重自己，特别是希望别人尊重他的优点和成就，因此在自我介绍时，表情一定要庄重。

④如果一个以前曾经介绍过的人，未记起你的姓名，你不要做出提醒式的询问，最佳的方式是直截了当地再自我介绍一次。

2.4.2 问候与一般交谈

1）问候

问候也就是问好、打招呼，就是在和别人相见时，以语言向对方致意的一种方式。在有必要问候的时候，要注意问候的态度、次序、形式 3 个方面。

（1）问候态度

问候是敬意的一种表现，态度上需要注意以下几点：

①要主动。问候别人，要积极、主动。当别人首先问候自己之后，要立即予以回应，不要不理不睬摆架子。

②要热情。问候别人的时候，通常要表现得热情、友好。毫无表情或者表情冷漠的问候不如不问候。

③要自然。问候别人的时候应主动、热情、自然而大方。矫揉造作、神态夸张，或者扭扭捏捏，反而会给人留下虚情假意的不好印象。

④要专注。问候的时候,要面含笑意,以双目注视对方的两眼,表示口到、眼到、意到,专心致志。不要在问候对方的时候,眼睛已经看到别处,让对方不知所措。

(2)问候次序

如果同时遇到多人,特别在正式会面的时候,宾主之间的问候要讲究一定的次序。

①一个人问候另一个人。此时应遵循"位低者先问候"。即身份较低者或年轻者首先问候身份较高者或年长者。

②一个人问候多人。这时候既可以笼统地加以问候,比如说"大家好",也可以逐个加以问候。当一个人逐一问候许多人时,既可以由"尊"而"卑"、由长而幼地依次而行,也可以由近而远依次而行。

(3)问候形式

①直接式。所谓直接式问候,就是直截了当地以问好作为问候的主要内容。它适用于正式的公务交往,尤其是宾主双方初次相见。

②间接式。所谓间接式问候,就是以某些约定俗成的问候语,或者在当时条件下可以引起的话题,主要适用于非正式、熟人之间的交往。比如:"忙什么呢"、"您去哪里"等。

2)一般交谈

交谈是人们日常交往的基本方式之一。美国著名的语言心理学家多罗西·萨尔诺夫曾说道:"说话艺术最重要的应用,就是与人交谈。"从广泛意义上来讲,交谈是人们交流思想、沟通感情、建立联系、消除隔阂、协调关系、促进合作的一个重要渠道。

(1)交谈的规范

①真诚坦率的原则。真诚是做人的美德,也是交谈的原则。交谈双方态度要认真、诚恳,有了直率诚笃,才能有融洽的交谈环境,才能奠定交谈成功的基础。认真对待交谈的主题,坦诚相见,直抒胸臆,不躲不藏,明明白白地表达各自的观点和看法。"出自肺腑的语言才能触动别人的心弦",真心实意的交流是自信的结果,是信任人的表现,只有用自己的真情激起对方感情的共鸣,交谈才能取得满意的效果。

②互相尊重的原则。交谈是双方思想、感情的交流,是双向活动。要取得满意的交谈效果,就必须顾及对方的心理需求。交谈中,来自对方的尊重是任

何人都希望得到的。交谈双方无论地位高低,年纪大小,或长辈晚辈,在人格上都是平等的,切不可盛气凌人、自以为是、唯我独尊。因此,谈话时,要把对方作为平等的交流对象,在心理上、用词上、语调上,体现出对对方的尊重,尽量使用礼貌语,谈到自己时要谦虚,谈到对方时要尊重。

(2)交谈的技巧

①言之有物。交谈的双方都想通过交谈,获得知识、拓宽视野、增长见识、提高水平。因此,交谈要有观点、有内容、有内涵、有思想,而空洞无物、废话连篇的交谈是不会受人欢迎的。没有材料做根据,没有事实做依凭,再动听的语言也是苍白的、乏味的。在交谈时,要明确地把话说出来,将所要传递的信息准确地输送到对方的大脑里,正确反映客观事物,恰当地揭示客观事理,贴切地表达思想感情。

②言之有序。言之有序,就是根据讲话的主题和中心设计讲话的次序,安排讲话的层次,即交谈要有逻辑性、科学性。“使众理虽繁,而无倒置之乖;群言虽多,而无棼丝之乱。”(刘勰《文心雕龙》)谈话中没有中心,语言支离破碎,想到哪儿就说到哪儿,东一榔头西一棒槌,会给人留下杂乱无章的感觉,言不及义,不知所云。因此,交谈时,先讲什么,后讲什么,思路要清晰,内容有条理,布局要合理。

③言之有礼。交谈时要讲究礼节礼貌。知礼会为你的交谈创造一个和谐、愉快的环境。讲话者,态度要谦逊,语气要友好,内容要适宜,语言要文明;听话者,要认真倾听,不要做其他事情。这样就会形成一个信任、亲切、友善的交谈气氛,为交谈获得成功奠定基础。

2.4.3 办公室迎送

在现代社会,办公室是人们履行工作职责最常规的活动场所,也是人们从事公务活动的主要场所。现代的办公室也以其综合性、广泛性、程序性等,成为一个重要的交际场所。因此,应对最基本的办公室礼仪——办公室迎送礼仪进行相应了解。

1)办公室接待礼仪

(1)问候

客人来访时,接待人员应立即从座位上站起,走到客人面前,亲切地说:“您好!”然后问明来意和身份。

(2)引见

如果客人要找的人不在,应有礼貌地说:"对不起,××刚出去,您请稍等。请坐!"如果客人要找的人一时回不来,应明确地告知客人在什么时候再来。如"对不起,请您明天早上8:30再来,我可以通知他等着您。"如果客人要与领导见面,就应将客人引到领导办公室或接待室。在引导客人去领导办公室的路途中,应走在客人左前方两步远的位置。通常上楼梯、转弯或上电梯时,应回头用手示意"请这边走"。如有专人在电梯服务,应让客人先进,到达时也应让客人先出。如电梯无人服务,应自己先进客人后进,到达时客人先出自己后出。如果距离较远,走的时间较长,不要绷着脸,各走各的路,应热情与客人寒暄,或向客人简单介绍本单位的情况。走到领导办公室前,应对客人说"请稍等",然后敲门,得到允许后进入办公室,向领导通报客人的姓名、单位、职务、来访目的。如果领导同意马上见面,就将客人请进去。如果领导暂不能接待,就将客人安排坐下,并礼貌地说:"对不起,经理请您稍等一下,他马上就来。"请客人进门时,如果门是向里开的,要推开门自己先进去,按住门,再请客人进去;如果办公室门是向外开的,把门拉开后,请客人先进。

(3)向领导介绍客人时应讲究礼节

要有礼貌地以手势示意,不能用手指点,介绍应简洁明了。如

"让我来介绍一下,刘总经理,这位是万达企业的张科长。"

"张科长,这位是我们公司的刘总经理。"

待双方握手问候后,主人请客人坐下。坐下后接待人员应按秩序礼仪的要求为客人及本公司领导倒茶。即先按客人的职务高低顺序依次上茶,再给本公司领导按职务高低次序依次上茶。安排妥善后,如自己没必要参加会谈,可避开,到隔壁办公室等候领导吩咐,或经领导同意后离开,回到自己的工作岗位,离开时应向客人致意,退出门外,轻轻把门关上。

2)办公室送客礼仪

接待工作顺利完成后,后续的动作也很重要,即"送客礼仪"。中国人常说:"迎人迎三步,送人送七步。"特别是会展服务工作中,送客比接待更重要,这是为了给对方留下美好的回忆,以期客户能再度光临。因此,送客又被称为"后续服务"。

在送客时应注意:

①握手致意,亲切相送。表达依依不舍之情,并表示希望再度见面的期待

之意,握手就含有不忍离别的意义。

②送客真诚,送离视线。一般公司在送客时可送至大门外、电梯口,甚至送上车帮客人关上车门,有的客人会将车窗摇下挥手道别,因此,工作人员不可见客人上车后就转身离去,应等待客人坐车离开视线后方可离去。

本章小结

本章介绍的仪容仪态礼仪、着装配饰礼仪、常规职业交往礼仪的内容是会展从业人员的职业形象内涵构成要素。通过对本章的学习,会展从业人员在会展商务交往中,能根据不同的场合,注意修饰自己的仪容,美化自己的仪态,检点自己的行为举止,能根据自己的体形、肤色选择适合自己的西服、套裙,能在各种商务交往活动中树立个人形象,展现个人魅力。

实　训

实训项目一:展示个人职业形象——个人仪态训练

实训目的:通过训练,美化自己的仪态,检点自己的行为举止。

实训内容:仔细阅读材料,分组练习各种站姿、坐姿和行姿,熟练掌握有关礼仪规范。

一、站姿训练

站姿训练,一要训练站立时身体重心的位置和重心的调整;二要训练两脚位置与两脚间的距离,并与手的位置和谐一致,使身体协调自然;三要训练挺胸、收腹、立腰、收臂、提臀,使躯体挺拔向上;四要训练站立时的面部表情,心情愉快、精神饱满;五要训练站立的耐久性,能适应较长时间站立工作的需要。

(一)顶书训练

把书本放置于头顶中心,为使书不掉下来,头、身躯自然保持平稳,反之书本即会滑落。此法可纠正低头、仰脸、歪头、晃头及左顾右盼的毛病。

(二)背靠背训练

两人一组,背靠背站立,两人头部、肩部、臀部、小腿、脚跟紧靠,并在两人肩部、小腿部搁放一张卡片,不让其滑动掉落。此法可使后脑、肩部、臀部、小腿、脚跟保持在一个面上,使训练者有较完美的背影。

（三）对镜训练

面对镜子检查自己的站姿和整体形象，发现问题及时调整。

二、坐姿训练

（一）女士常用坐姿训练

①标准式。轻缓地走到座位前，转身后两脚成小丁字步，左前右后，两膝并拢的同时上身前倾，向下落座。如果穿的是裙装，在落座时要用双手在后边从上往下把裙子拢一下，以防坐出皱纹或因裙子被打折坐住而使腿部裸露过多。坐下后，上身挺直，双肩平正，正臂自然弯曲，两手交叉叠放在两腿中部，并靠近小腹。两膝并拢，小腿垂直于地面，两脚保持丁字步。

②前伸式。在标准坐姿的基础上，两小腿向前伸出一脚的距离，脚尖不要翘起。

③前交叉式。在前伸式坐姿的基础上，右脚后缩，与左脚交叉，两踝关节重叠，两脚尖着地。

④屈直式。右脚前伸，左小腿屈回，大腿靠紧，两前脚掌着地，并在一条直线上。

⑤后点式。两小腿后屈，脚尖着地，双膝并拢。

⑥侧点式。两小腿向左斜出，两膝并拢，右脚跟靠拢左脚内侧，右脚掌着地，左脚尖着地，头和身躯向左斜。注意大腿和小腿要成90°的直角，小腿要充分伸直，尽量显示小腿长度。

⑦侧挂式。在侧点式基础上，左小腿后屈，脚步绷直，脚掌内侧着地，右脚提起，用脚面贴住左踝，膝和小腿并拢，上身右转。

⑧重叠式。重叠式也叫“二郎腿”或“标准式架腿”等。在标准式坐姿的基础上，两腿向前，一条腿提起，腿窝落在另一条腿的膝关节上边。要注意上边的腿向里收，贴住另一条腿，脚尖向下。

（二）男士常用坐姿训练

①标准式。上身正直上挺，双肩正平，两手放在两腿或扶手上，双膝并拢，小腿垂直落于地面，两脚自然分开成45°。

②前伸式。在标准式的基础上，两小腿前伸一脚的长度，左脚向前半脚，脚尖不要翘起。

③前交叉式。小腿前伸，两脚踝部交叉。

④屈直式。左小腿回屈，前脚掌着地，右脚前伸，双膝并拢。

⑤斜身交叉式。两小腿交叉向左斜出，上体向右倾，右肘放在扶手上，左手扶把手。

⑥重叠式。右腿叠在左膝上部，右小腿内收，贴向左腿，脚尖自然下垂。

三、常用行姿训练

①后退步。与人告别时，应当先后退两三步，再转身离去。退步时脚轻擦地面，步幅要小，先转身后转头。

②引导步。引导步是用于走在前边给宾客带路的步态。引导时要尽可能走在宾客左侧前方，整个身体半转向宾客方向，保持两步的距离，遇到上下楼梯、拐弯、进门时，要伸出左手示意，并提示请客人上楼、进门等。

③前行转身步。在前行中要拐弯时，要在距离所转方向远侧的一脚落地后，立即以该脚掌为轴，转过全身，然后迈出另一脚。即向左拐，要右脚在前时转身；向右拐，要左脚在前时转身。

教师主要观测点：

1. 观测小组成员协作状态以及各成员的参与程度。

2. 观测各成员姿态练习的规范程度、优雅程度、熟练程度。

实训项目二：案例阅读与讨论

实训目的：通过案例的分析与讨论，让学生理论联系实际，体会职业形象礼仪在生活、工作中的重要意义。

实训内容：阅读下列两个案例，分组讨论，并适当练习化妆技巧。

案例1

王敏是某高校会展经济与管理专业的高材生，毕业后就职于一家会展公司做文员。为适应工作需要，上班时，她化起了整洁、漂亮、端庄的“白领丽人妆”：不脱色粉底液，修饰自然、稍带棱角的眉毛，与服装色系搭配的灰度高偏浅色的眼影，紧贴上睫毛根部描画的灰棕色眼线，黑色自然型睫毛，再加上自然的唇形和略显浓艳的唇色，虽化了妆，却好似没有化妆，整个妆容清爽自然，尽显自信、成熟、干练的气质。但在公休日，她又给自己来了一个大变脸，化起了久违的“清纯少女妆”：粉蓝或粉绿、粉红、粉黄、粉白等颜色的眼影，彩色系列的睫毛膏和眼线，粉红或粉橘的腮红，自然系的唇彩或唇油，看上去娇嫩欲滴，鲜亮淡雅，整个身心都倍感轻松。心情好，自然工作效率就高。一年来，王敏以自己得体的外在形象、勤奋的工作态度和骄人的业绩，赢得了公司同仁的好评。

讨论主题：

你如何评价王敏的两种妆容？结合自身实际，浅谈对女性化妆的看法。

背景知识：女士常用妆容技巧

一、化妆的阴影技巧

在宽鼻子的两侧打上深色粉底，能使鼻子看上去窄些。在脸的下颚部位打上深色粉底,能使整张脸看上去瘦长些。在厚眼帘或在眉毛与眼帘的凸起部位打上深色的粉底或阴影,能使这部分看上去不那么凸出。要减轻双下巴,可以在这个部位上打上深色粉底。如果下巴或脸稍长,只要在下巴上略施深色粉底可使整张脸看上去短些。可以在高耸的额头打上浅色粉底,以削弱高耸的效果。

二、修正眉形的注意要点

眉尾不低于眉头,眉头与内眼角对齐。眉峰在眼球前视外切线处。鼻翼或嘴角与眼角的连线延伸线是眉尾的止点。修眉时注意尽量不要碰眉骨以上的眉毛。

三、腮红的画法

腮红的位置:不高于耳际的最高点,不低于鼻翼线,离鼻翼有两指宽。

①方圆形脸的腮红要集中杂颧骨周围,不要刷到脸的外侧,内边不要超过眼睛中线,这样会使脸显得小一些,腮红状如蛋筒冰淇淋。

②鹅蛋脸的腮红不应超过眼睛中线,将腮红轻轻刷向太阳穴,这个方法几乎适合每个人。

③长脸的腮红要上在两腮的外侧,以使脸型显得宽些。

四、嘴唇化妆技巧

①上唇薄:用唇线笔描出上唇唇线,再涂上颜色,使上下唇产生平衡感。

②薄嘴唇:用唇线笔描出一个比原来唇形丰厚的唇线,注意恰到好处,不要太大,然后涂上唇膏即可。

③上唇拱起的嘴唇:用中性色的唇线笔描出一个较柔和的唇峰轮廓,延长上唇线在嘴角与下唇线完美吻合,然后涂上唇膏即可。

④厚大的嘴唇:用唇线笔沿着唇的内侧画一个较小的自然唇形,用柔和的、和唇色相近的唇膏涂满。

⑤嘴小唇薄:先用唇笔沿着上唇线和下唇线描出一个比原来大些的唇形,涂上唇膏即可。

⑥嘴角下垂的唇:用唇线笔描出一个微微上提的嘴角,这将缓和嘴角下垂,然后用颜色柔和漂亮的唇膏涂满即可。

⑦不均匀的嘴唇:用颜色稍浅的唇线笔沿着上唇线和下唇线描出一个对称均匀的唇形。

⑧上唇线平直的嘴唇:如果上唇没有唇峰的话,用唇线笔在上唇中间描出一个微微的凹进,然后用最靓丽的唇膏涂满即可。

⑨唇线上有皱纹:为了防止唇膏沿着这些细小的皱纹外溢,破坏唇线笔勾

勒唇形，可用唇膏润色即可。

案例 2

一次某会展公司招聘文秘人员，由于待遇优厚，应者如云。中文系毕业的小王同学前往面试，她的背景材料可能是最棒的：大学四年中，在各类刊物上发表了 3 万字的作品，内容有小说、诗歌、散文、评论、政论等，还为 6 家公司策划过周年庆典，一口流利的英语，书法也堪称佳作。小王五官端正，身材高挑、匀称。面试时，招聘者拿着她的材料等她进来。小王穿着迷你裙，露出藕段似的大腿，上身是露脐装，涂着鲜红的唇膏，轻盈地走到一位考官面前，不请自坐，随后跷起了二郎腿，笑眯眯地等着问话。孰料，三位招聘者互相交换了一下眼色，主考官说："王小姐，请出去等通知吧。"她喜形于色："好！"挎起小包飞跑出门。

讨论主题：你觉得王小姐会被聘用吗？请用仪容仪态礼仪知识对王小姐的面试表现进行评价分析。

教师主要观测点：

1. 观测各小组的合作状态以及成员的参与性。

2. 学生对化妆技巧的掌握程度。

3. 学生对案例 2 的分析是否能够理论结合实际。

复习思考题

1. 什么是会展职业形象？

2. 会展工作人员仪容礼仪的基本要求有哪些？

3. 会展工作人员穿西装时，应注意哪些搭配细节？

4. 女士出席宴会、舞会时，化妆应注意哪些细节？这种场合的化妆与平时在办公室中的化妆有什么不同？

5. 模拟场景，虚拟身份，做介绍与自我介绍的练习。

6. 简述办公室迎送礼仪。

第3章
会展准备阶段礼仪规范及训练

【本章导读】

会展准备阶段工作繁重，包括一系列邀请工作、新闻发布会、会展现场布置和座次安排等工作。本章分节讲解了上述准备工作中涉及的具体工作内容和相应的礼仪规范，以期学习者能掌握会展准备过程中的相关礼仪要求。

【关键词汇】

邀请礼仪　新闻发布会　现场布置　座次安排

3.1 会展准备阶段工作概述

凡事"预则立,不预则废"。会展准备阶段的工作正是保障会展活动顺利进行的基础。会展准备工作繁重而琐碎,涉及面广,需要慎重对待。图3.1是会展准备阶段的基本工作内容和工作程序。

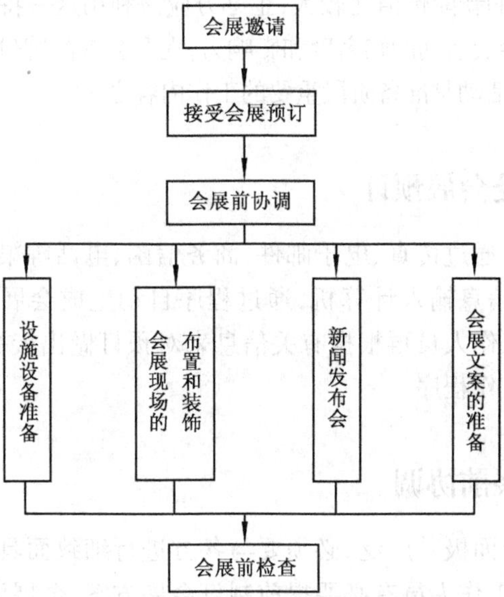

图3.1 会展准备阶段基本工作内容和程序

3.1.1 会展邀请活动

会展涉及面广,邀请活动实际上是会展营销与策划的重要组成部分。会展邀请活动中的邀请者主要是办展/会的企事业单位,被邀请的对象十分广泛,主要包括政府有关部门、各类驻外机构、行业协会/学会组织、国际商业公司、关键新闻媒体等。

邀请活动首先要做的就是招展,即邀请到合适的企业(也包括专业媒体等潜在参展商)来参展,从而实现从主办单位到参展企业的价值传递。招展工作的好坏直接影响着展览会的效果,是展览会取得成功的基础。

邀请活动其次包括邀请、组织专业观众参加会展活动。专业观众又称“贸易观众”，是指从事专业性展览会上所展示产品（既包含有形的产品也包括无形的产品）的设计、开发、生产、销售与服务的观众，是各个参展商的潜在客户。专业观众的数量和质量是培育品牌展览会的基本条件。一般情况下，专业观众在所有观众中所占的比例不能低于65%。

邀请活动还包括邀请政府部门、上级领导部门、新闻媒体等相关工作人员参加会展活动。主办方通常情况下会邀请行业主管部门的领导、行业协会的主管人员、外国驻华机构代表、专家和其他相关人员参加开幕式。由于出席会展活动的嘉宾集中、信息量大，潜在的新闻价值比较大，主办方应该利用这一特点加强新闻宣传、报道的力度，以扩大会展活动的知名度和影响力，提升会展品牌价值。因此，邀请新闻媒体前来参加会展活动是准备阶段重要的工作内容之一。

3.1.2 接受会展预订

会展预订可以通过传真、电子邮件、商务信函、电话等渠道进行。工作人员接到预订后，会将信息输入计算机，通过程序自动生成会展预订当天的场地信息、接待信息等，工作人员再根据有关信息来对预订做出接受或不接受的处理，并相应进入后续工作程序。

3.1.3 会展前协调

会展工作涉及面极其广泛，必须要与各方进行细致而具体的协调。为了保证协调工作效果，工作人员有必要提前制订会展方案、会展活动通知、具体日程表、会展场馆分布图、使用图等，并召开有关协调会。其中文案资料的准备和管理是会展活动的基础，新闻发布会是与新闻媒体、合作单位、有关政府组织和社会公众协调的主要方式，会展现场布置和装饰是会展活动顺利开展的前提条件，设施设备的准备也是会展活动必要的物质基础。

3.1.4 会展前检查

会展前检查时各项准备工作的落脚点是保证会展活动顺利进行的重要环节。检查工作可以帮助工作人员及时发现问题并纠正，有效防范将问题带到会展活动中。会展前检查包括会展预案中的全部项目，主要有会议室检查、会议活动空间检查、膳宿安排检查等，重点集中在会议文件准备和场馆准备两个方面。

本章将在后续几节中就会展准备阶段的邀请活动、新闻发布会、现场布置和装饰、座次安排中的礼仪规范和准则分别做出讲解。

3.2 邀请礼仪

3.2.1 邀请函礼仪

目前会展组织者常用的邀请方式有直接邮寄、电话/传真联系、人员拜访、代理招展、参加相关主题展览会、互联网、新闻发布会等,每种邀请方式都少不了编印邀请函。这里以发给参展商的邀请函为例介绍邀请函的礼仪规范。

1)邀请函的内容

邀请函是组织者重要的文字资料,内容要求详尽、准确,说明会展活动的具体内容和主要的细节要求。一份完整的邀请函应该包括邀请的对象,展览的基本内容,以往展览所取得的成绩,本次展览的主题、亮点以及创新之处,本次展览专业观众的组织和宣传推广计划,参展办法等内容。

2)邀请函礼仪

邀请函应该文字简练、语气诚恳,格式和内容上符合邀请信的礼仪规范(具体参见第7章内容)。同时,为了体现组织者的实力和形象,邀请函要符合以下几点规范:

①注重美感。邀请函的编印要体现出组织者的审美水平,让人从邀请函中能获得赏心悦目的感受,引起潜在参展对象的阅读兴趣,这也是无声地传递企业礼仪形象的方法。

②注意礼俗禁忌。邀请函发送的对象比较广泛,要根据会展活动的主题和潜在参展对象的社会文化背景来设计风格、色彩、图案等内容,既要追求美感、特色,也要注意回避被邀请对象的各种禁忌。

3.2.2 电话、传真礼仪

利用电话或传真进行会展邀请活动,根据邀请对象的区别可以分为两种情况:开发新顾客和追踪老顾客。除了邀请活动外,在整个会展活动过程中还有很多联系、沟通事宜需要通过电话、传真来完成,因此电话、传真礼仪是必须要掌握的礼仪规则之一。

1)电话邀请的基本礼仪要求

①应落落大方、态度谦虚、问话切题。认真倾听并且正确理解、分析顾客所说的话,记录顾客的需要。

②当客户不能迅速做出决定时,应多询问、多聆听、多思考,给予对方合理的建议,并且传递出自己的信心、关心,帮助客户做出购买决策。

③当客户就参展、参会问题发表意见时,首先应认同其观点,体谅其心情,防止客户产生拒绝参展的念头;随后再从客户的角度出发做出合理的解释,让他们重新认识参展的好处,消除心中的疑虑。

④当客户有意参加时,应适时加强其购买意愿,并及时说明组织者将要提供的相关服务,争取早日签订协议。

⑤当协议签订后应对客户表示欢迎和感谢,并给予客户满意的承诺,但不可过度承诺,以免失去客户的信任。

⑥如果客户最终拒绝参展时,工作人员同样应谦让有礼,给客户留下良好的印象,为将来的合作奠定基础。

2)其他电话礼仪要求

(1)选择适当的时间

作为公务电话,会展活动中的电话联系一般要避开临近下班的时间,因为这时打电话,对方往往急于下班,难以静下心来和你沟通,打电话的目的难以实现。如果确实需要在私人时间与对方电话联系,那么最好要错开对方就餐时间、休息时间,也不宜太早或是太晚打电话。

(2)注意语言表达方式

通话措辞要礼貌、清晰、简洁。通话时先要通报自己的姓名、身份,必要时还应询问对方是否方便,在对方方便的情况下再开始交谈。通话过程中要围绕主要目的展开交谈,所谓的"煲电话粥"在会展活动中并不适宜。通话完毕时应礼貌地说"再见",然后轻轻放下电话。此时常用的礼貌用语有以下几种:

"打搅您了,非常感谢您在百忙之中接听我的电话!"

"和您通话我非常高兴,谢谢您,再见!"

"和您通话对我们的工作很有帮助,希望能和您保持联系,得到您更多的支持,谢谢!"

(3)恰当地接听

电话铃一响,应尽快去接,最好不要让铃声响过五遍。拿起电话应先自报家门,如:

"您好,这里是××公司××部"。

询问时应注意在适当的时候,根据对方的反应再委婉询问。电话用语应文明、礼貌,态度应热情、谦和、诚恳,语调应平和,音量要适中。

接电话时,对对方的谈话可做必要的重复,重要的内容应简明扼要地记录下来,如时间、地点、联系事宜、需解决的问题等。

电话交谈完毕时,应尽量让对方结束对话,若确需自己来结束,应解释、致歉。通话完毕后,应等对方放下话筒后,再轻轻地放下电话,以示尊重。

(4)其他

将常用的电话号码记在电话簿上,并放在方便的地方,以确保自己在需要时可以及时找到电话号码。准备一些便签或记事本,以便在通话过程中可以随时记录信息,确保信息传递准确。专心打/接电话,提高通话效率,避免耽误对方时间。尽量避免在通话过程中制造噪声,让对方感觉刺耳或是无法听清对话。

3)传真礼仪

传真,又称传真电报。它是利用光电效应,通过安装在普通电话网络上的传真机,对外发送或是接收外来的文件、书信、资料、图表、照片真迹的一种现代化的通信联络方式。利用传真通信操作简便,传送速度非常之迅速,而且可以将包括一切复杂图案在内的真迹传送出去,在会展营销活动中发送传真是重要的联系方式之一。当然传真联系也有不足之处,发送的自动性能较差,需要专人在旁边进行操作,有时候清晰度难以确保。

本人或本单位所用的传真机号码,应被正确无误地告之自己重要的交往对象。一般而言,在商用名片上,传真号码是必不可少的一项重要内容。对于主要交往对象的传真号码,必须认真地记好。为了保证万无一失,在有必要向对方发送传真前,最好先向对方通报一下。这样既提醒了对方,又不至于发错传真。发送传真时,必须按规定操作,并以提高清晰度为要旨,同时也要注意内容简明扼要,以节省费用。发送传真过程中,一般不可缺少必要的问候语与致谢语。发送文件、书信、资料时,更是要谨记这一条。如果是在公共场所使用传真机还应注意防止泄密。

在会展活动中工作人员使用传真机最为看重的是它的时效性。因此,在收到他人的传真后,工作人员应在第一时间内采用适当的方式告知对方,以免对方惦念不已。需要办理或转交、转送他人发来的传真时,千万不可拖延时间,耽误对方的要事。

3.2.3 电子邮件礼仪

随着互联网和电子邮件在商务领域中的普及应用,电子邮件礼仪已经成为商务礼仪的一部分,并且对于客户关系成败的影响日益显著。在会展邀请活动中通过电子邮件与人联系需要注意以下几点礼仪方面的规则:

1)简洁准确

电子邮件的措辞应该清晰、简洁,避免招致误解。简单明了的邮件可以帮助工作人员节省打电话、发传真澄清邮件意义的时间。

2)礼貌措辞

邮件的措辞应该讲究礼貌,不要"惹火"收件人。含有敌意的词句或者批评的语气将会激怒对方,造成糟糕的局面。电子邮件不是大家"笔伐"的工具,如果有问题,应与对方当面采取其他的方式沟通解决。

3)提前通知

尽量在发邮件以前得到对方的允许或者至少让他知道有邮件过来,确保自己的邮件对对方而言是有价值的。没有人会喜欢垃圾邮件,收件人对于满篇废话的不速之"件"的态度通常是作为垃圾邮件处理一删了之。

4)防止泄密

不要发送私人或者机密邮件,即使选择"永久删除",许多软件和网络服务仍然可以访问硬盘上备份的信息。在你发送以前,需仔细考虑如果别人(比如老板)看到这封信会发生什么情况。

5)慎用附件和抄送功能

附件越大,下载时间就越长,占用收件人电脑空间就越多。有些附件可能毫无必要,也许收件人已经有了。不要滥用抄送功能,否则收件人会以处理垃圾邮件的方式一删了之。

6)避免使用字符图释

字符图释往往会让人觉得费解。也许网络专家对于各种专业术语和字符图释了如指掌,但并非所有的收件人都是网络专家。

3.2.4 人员拜访邀请礼仪

人员拜访邀请的对象可能是参展商、专业观众,也可能是主管部门、行业协会部门、新闻媒体等机构的相关人员。人员拜访是面对面的接触活动,礼仪表现更加直接,影响也更加突出。拜访与迎访双方都要从礼节上多多注意,不可失礼于人,否则将有损自己和单位的形象。这里将在第2章办公室迎送礼仪的基础上进一步讲解人员拜访邀请的礼仪。

1)拜访礼仪

(1)预约

预约可以让对方有所准备,避开一些不方便的时间和场合,提前了解你前来拜访的主要目的。具体提前多长时间预约要视具体情况而定,可以是提前一天或两天,也可以提前几个小时,目的是为了提前通知对方你即将前来拜访。但不要提前太长时间预约,以防对方遗忘或是无法预测工作情况,临时出现变化。

(2)拜访准备

拜访准备工作可以提高拜访的效率,有助于拜访的目的的实现,并塑造个人和单位的良好形象。准备工作主要包括以下几个方面:

①材料准备。就所要商谈的内容准备好相关材料,如有关文件、各种数据等。如果是第一次与对方打交道,还需要了解对方的背景、信誉,甚至拜访对象的个性特点等内容。

②心理准备。调整心理状态,明确此行目的,预估可能出现的情况,确定我方的有利和不利之处,退让的底线是什么。对于这些问题,同去拜访的人应该事先做好心理准备,一起商量一下对策。

③服装准备。拜访时应该选择正式服装,越是重要的拜访越要重视服装选择,以表示对对方的尊重。女性还应检查一下自己的妆容,可以适当化妆,但不

宜浓妆。

(3)拜访礼节

①准时。准时是拜访礼仪中极为重要的原则。如果有紧急的事情,不得不迟到,必须要设法通知你要拜访的人。如果是对方要迟到,你在得到消息后也应准时到达,以示对对方的尊重。同时还可以充分利用时间,做好准备工作。例如,坐在汽车里仔细想一想,整理一下文件,或问一问接待员是否可以在接待室里先休息一下。

②通传。当你到达拜访地点时,告诉接待员或助理你的名字和约见的时间,递上你的名片以便助理能通知对方。

③等待。在等待时要安静,不要通过谈话来消磨时间,这样会打扰别人工作。尽管你已经等了很长时间,也不要不耐烦地总看手表,你可以问接待/助理约见者什么时候有时间。如果你无法等待,可以向助理解释一下并另约一个时间。不管你对要见的人有多么不满,也一定要对接待/助理有礼貌。

④见面。当你被引到约见者办公室时,如果是第一次见面,就要先做自我介绍,如果已经认识了,只要互相问候并握手就行了。

⑤交谈。交谈中要尽可能快地将谈话引入正题,清楚直接地表达你要说的事情,不要讲无关紧要的事情。说完后,让对方发表意见,并要认真地听,不要辩解或不停地打断对方讲话。你有其他意见的话,可以在他讲完之后再说。

⑥告辞。拜访结束后应该礼貌地起立再见。无论此次拜访的目的是否达到,拜访者都应礼貌地结束谈话,向对方的接待表达谢意,并说明即将离开。离开时还应向接待/助理表示谢意。

2)迎访礼仪

(1)准备工作

公司的办公场所是公司的窗口,必须要给来访的客人好感。在迎访工作中首先要做好日常的准备工作。办公环境应该始终清洁、明亮、整齐、美观,办公用品应该各归其位,取用方便、顺手,以利于提高工作效率。对待来访者工作人员应始终抱有"感谢光临"的心理,创造融洽的工作环境,给来访者留下良好的印象。

(2)迎访程序

①热情迎客。当来访者到达,工作人员应该马上起立迎接,微笑着向客人问候。如果来访者是有约而来、按时而来,工作人员应该马上通知被访者,请其

接待。如果来访者比约定时间提前到达，或是被访者暂时无法接待，工作人员应该将来访者引到休息室或会客室等候，并安排茶水。如果来访者是没有预约的，工作人员应该了解来访者的要求，进行通传，决定是否接待。如果实在无法接待，工作人员要向来访者耐心解释，说明可以预约下次来访的时间。

②亲切待客。接待来访者应该亲切周到。与其交谈时既要把握处理问题的原则，又要注意礼貌礼节，无论是否能达成一致意见，都应该在礼仪上给予对方尊重，给人留下个人和公司的良好印象。

③礼貌送客。当来访者提出辞别时，被访者应该起身恭送，对对方的拜访再次表示感谢。可以为客人拉开门，请其先行。被访者还应细心检查一下来访者是否有东西落下。待来访者离开以后再继续办理自己的事情。

3.3 新闻发布会礼仪

3.3.1 会展新闻发布会介绍

新闻发布会，简称发布会，是一种主动传播各类有关信息，谋求新闻界对某一社会组织或某一活动、时间进行客观而公正的报道的有效沟通方式。在会展组织活动中通过新闻媒体来发布信息既能节省费用，又可以起到很好的宣传作用，提高会展活动在公众心目中的可信度。新闻发布会还可以向广大潜在的参会、参展人员提供信息，提高会展活动的影响力。

新闻发布会的类型和相应的风格比较稳定，具体情况如表3.1所示。

表3.1 新闻发布会的类型风格

新闻发布会类型（按主题分类）	基本风格
政治性发布会	严肃
高科技产品类发布会	正规中略有活泼感
农业类发布会	亲切，突出环保
文化类发布会	文化感、历史感
一般工业品发布会	突出科技含量和品质意识
娱乐类发布会	活泼、前卫
时尚产品发布会	经典中带有时代气息
工艺品类发布会	经典、古拙

3.3.2 举行新闻发布会的注意事项

新闻发布会是非常正式地向社会公众介绍、传递有关会展组织活动信息的沟通方式。会展组织者举行新闻发布会时应该注意以下事项：

1) 突出新意

着重说明本次会展的主要创新之处或新的办展理念，突出活动的新意，或者叫做新闻价值，提高新闻发布会的受关注程度。例如突出此次会展招徕了更多的参展商，采取了新的观众统计方法，提供了全新的参展、观展服务等信息都是新闻发布会中应该强调的。

2) 突出宗旨

会展活动对于一个国家和地区的经济发展有很好的促进作用，不同展会又有不同的表现形式。在新闻发布会中，应该突出此次活动对于当地，乃至一个国家某一产业的推动作用，突出会展活动促进地方经济、文化发展的宗旨，同时也帮助新闻媒体履行为地方社会经济和人民生活服务的宗旨。

3) 突出服务

强调本次会展活动为参展商提供的特色服务，以增强新闻发布会对参展商的吸引力。

4) 突出形象

选择熟悉本次会展活动、举止大方、善于言谈的发言人，保证活动信息能够准确、清晰地传递给新闻界。

5) 突出便利

向新闻界提供具有专业水平的新闻稿，以方便新闻工作者参考或是直接采用，同时可以比较充分地实现组织者召开新闻发布会的目的。

3.3.3 新闻发布会礼仪规范

1)会前准备

(1)确定时间、地点和参加人员

新闻发布会选择的时间主要由会展组织活动的需要来决定,但是应该本着方便新闻工作者的原则,根据社交礼仪规则来确定。总体上,开新闻发布会应该错开社会重大活动的时间,错开周一和周五的时间,错开重要的公共假期和民俗节日。具体安排在某一时段则主要根据实际情况来定。一般早报记者参加的新闻发布会应在中午或下午;需要在当天晚间播出的新闻发布会应该安排在上午 9:30 或 10:00~10:30。发布会的正式发言不宜过长,一般发言时间不超过 1 小时,要给记者留下充足的时间提问、访问。新闻发布会的时间应该提前 2 周左右的时间,以书面邀请函的形式通知到记者,并附上回执,以便统计参加发布会的记者人数。这些工作必须在发布会之前 15 天完成,否则会影响下一步工作。

发布会的地点应该与所要发布信息的新闻性质相符,同时考虑交通、环境以及设施设备等硬性条件。通常会展活动的新闻发布会选择在宾馆、礼堂或新闻中心等地举行。

参加发布会的人员除了新闻记者以外,还应包括广告公司、领导、客户、同行等。会前应该根据发布会的主要目的拟订详细的邀请名单,并且发出邀请函或请柬。

(2)会场布置

会场布置既要符合新闻性质,又要具有时代感、美感,同时还要注意会场的环境布置、气温、灯光、噪音等因素。会场最好在入场处设有来宾(包括记者)签到处。室内空间大小应该要满足电视摄像记者的工作需要,因为电视摄像记者所需要的空间比报刊摄影记者要大。室内空间也不是越大越好,而要考虑到场人数多少,要回避到场人员零散的局面。室内装饰最好不要有过多的镜子等反射背景,以防镜头效果受损。

(3)选聘主持人、礼仪人员和服务人员

发布会的主持人应具有良好的气质和高超的演讲才能,要熟悉发布会的目的和具体内容,能够根据发布会的类型较好地控制现场的气氛。主持人还应和发言人配合默契。礼仪人员和服务人员应该举止大方,熟悉发布会程序和服务要求。必要时应该对上述各类人员进行专门的培训和彩排,确保发布会的质量。

(4)礼品准备

发布会的礼品不必十分贵重,但一定要精致而有特色,方便携带。礼品选择还要符合当地社会习俗,避免礼品及其包装犯忌讳。

(5)材料准备

发布会应该事前准备好发言人的发言稿、回答提纲、报道提纲以及其他复制的强化发布会效果的各种视听材料。

(6)其他准备

发布会之前要排好座次、摆好名牌、制好胸卡或工作证件、准备好签到册和"请赐名片盒"等物品。这些细枝末节的工作都要求做得细致周到,符合礼仪规范。

2)新闻发布会程序及礼仪规范

(1)报到

由礼仪人员和工作人员组织与会嘉宾签到、领取资料、就座。

(2)会议正式开始

由主持人宣布开始,简要说明召集会议的目的及所要发布信息的背景情况。发言人代表主办者致辞,发布有关信息。发言过程中礼貌礼节要周全,语言要精炼、恰当。发言人和主持人是主办单位的代言人,应该注意自己的仪表修饰和言行举止。按照惯例,主持人和发言人如果是女士,要进行必要的化妆,以淡妆为宜,穿淡色套裙、肉色丝袜、高跟皮鞋,不宜佩戴首饰。如果是男士则应穿深色西服套装、白色衬衫、黑袜黑鞋,打领带。神态端庄自如、亲切和蔼,语言流畅、吐词清晰。

(3)答记者问

根据事先准备的回答提纲有礼貌地回答记者提问。发言人在回答问题时不要随意打断记者的发言和提问,也不能以各种表情、动作表示不满,对各方记者要一视同仁,不可厚此薄彼。

(4)接受重点采访

根据新闻发布会的要求发言人接受重点采访,再次强化召开发布会的目的和意义。

3)发布会后续工作和礼仪要求

发布会后对照来宾签到本和邀请名单掌握新闻界人士到会情况,及时了解新闻界的反应,制作会议宣传资料和档案保存资料。如果发布会中有工作失误之处,还应通过电话、拜访等手段来采取弥补措施。如果会后的新闻报道出现了不利报道,还应派出工作人员进行跟踪调查,分析原因,澄清事实,尽量弥补损失。

3.4 会展现场装饰用品及礼仪规范简介

3.4.1 花卉

鲜花是和平、友谊、幸福的象征。现场布置中鲜花可以烘托出隆重、喜庆、亮丽、和谐的氛围。这里主要介绍会展现场装饰用的花卉礼仪知识。

表 3.2 会展用花种类及适用范围

会展用花种类	适用范围
花篮	开幕式、会议场馆门口及主要通道(图 3.2)
贵宾胸花	贵宾出席开幕式、主题发言等(图 3.3)
主席台桌面用花	开幕大会主席台中心摆设(图 3.4)
讲台用花	讲台前方盖住话筒(图 3.5)
签到台、报到台用花	与会者签到、报到处(图 3.6)
陈列用花	椭圆形、回字形等会议桌当中空间布置(图 3.7)

3.4.2 旗帜

旗帜有国旗、会旗、党旗、队旗之分。不同的会展现场根据礼仪规则有不同的旗帜悬挂要求。例如,在国际会议上,除了在会场悬挂与会国国旗外,各国政府代表团团长也要按会议组织者有关规定在一些场所或车辆上悬挂本国国旗。在体育比赛、展览会等国际性活动中也会悬挂有关国家的国旗。

图3.2　花篮

图3.3　贵宾胸花

图3.4　主席台桌面用花

图3.5　讲台用花

图3.6　签到台、报到台用花

图3.7　陈列用花

1)同时升挂中外国旗的礼仪场合

当外国元首、副元首、政府首脑、副首脑、议长、副议长、外交部长、国防部长、总司令或总参谋长、率领政府代表团的正部长、国家元首派遣的特使以本人所担任的公职的身份单独率领代表团来访时，在重大礼仪活动场所，如欢迎仪式、欢迎宴会、正式会谈、签字仪式，以及其住所和交通工具上可以升挂中国国旗和来访国国旗。

国际条约、重要协定的签字仪式、国际会议、文化体育活动、展览会、博览会现场可以升挂中国国旗和有关国家的国旗。

外国政府经援项目及外商投资企业的奠基、开业、落成典礼和重大庆祝活动可以同时升挂中国国旗和有关国家的国旗。

民间团体在双边和多边交往中举行重大庆祝活动时，可以同时升挂中国国旗和有关国家的国旗。

除外国驻华的使领馆和其他外交代表机构之外，在我国境内凡升挂外国国旗时，一律应同时升挂中国国旗；凡同时升挂多国国旗时，必须同时升挂中国国旗。

2)升挂国旗的规则

悬挂国旗是非常严肃的事情,要注意以下事项:

(1)旗幅一致,规范整洁

中国国旗和外国国旗并挂时,各国国旗应按照各国规定的比例制作,尽量做到旗帜的面积大体相等。国旗旗面完好、整洁,图案、颜色、式样符合各个国家的法律规定。

(2)主左客右

两国国旗并挂时,应以旗本身面向为准,左挂主方国旗,右挂客方国旗。在汽车上挂国旗,以汽车行进方向为准,司机右手为客方,左手为主方。

(3)国旗不得倒挂、反挂

一个国家的国旗由于文字、图案等原因,不能倒挂、反挂。因此,悬挂国旗要正面面向观众,不用反面。如果是挂在墙面上,要避免交叉挂或竖挂。

(4)国旗排列顺序

在中国境内,多国国旗并挂时,旗杆高度应该统一,在同一旗杆上,不能升挂两国的国旗,中国国旗应置于荣誉地位。一列并挂时,以旗面面向观众为准,中国国旗在最右方;单行排列时,中国国旗在最前面;弧形排列或从中间往两边排列时,中国国旗在中心;圆形排列时中国国旗在主席台或主人对面的中心位置。升挂时,必须先升中国国旗;降落时,最后降中国国旗。

(5)升旗注意事项

在建筑物上或室外悬挂国旗,应是日出升旗,日落降旗。不能使用有破损、污损的国旗。平时升旗一定要升至杆顶。

3.4.3 会标

会标是以会展名称为主要内容的会展信息的文字性标志,可以展示会展主题、性质、主办者等,还可体现出会展的庄重性,激发与会者的参与性、积极性和责任感。

会标一般用醒目的横幅悬挂在主席台上方或布景版上,或是直接投影在天幕之上。会标的格调要与会展活动主题一致,同时要具有视觉冲击力,给人留下深刻的印象,会标主要表现会展的名称,也可标注会展的主办者、承办者、赞助者及会议的时间、地点等信息。国际性会展的会标可以用中文和外文同时书写,也可用英文书写。通常情况下,会标中会议名称的字数一般不要超过13个字。

3.4.4 会徽

会徽是体现或象征会展精神的图案性标志,一般悬挂在主席台的天幕中央,形成会展现场的视觉中心,具有较强的感染和激励作用。在布置主席台时,会徽悬挂在台幕正中黄金分割线处为佳。

3.4.5 台幕

台幕是主席台的背景,一般用紫红色或深蓝色面料做成,可视会议性质分别选用。一般的台幕都用单色,也可采用分割法配以两种颜色。

3.4.6 标语条幅

会展现场布置的标语可以烘托会展主题,渲染气氛,调动与会者的情绪。会议标语和会标、会徽一起彰显出会展活动的主题,具有显著的宣传效果。会议标语要简练亲切,体现会议的主题和目标。条幅制作要精致统一,烘托会展活动的整体形象。

3.4.7 会展模型标志

模型标志是一种矗立在会场内的立体型的形象标志,具有较强的视觉冲击力。有时会选择活动的吉祥物作为模型,烘托会展活动的氛围。

3.5 会展现场布置及礼仪规范

3.5.1 展览现场布置礼仪规范

展览现场布置包括整个展览会场的布置和展位展台布置两方面内容。前者是由展览会主办者完成,后者是由参展商来完成。每个展览会的主题内容和具体展出的内容不同,现场布置有较大的差异。但从现场布置的基本原则来看,这一工作还是有很多具有规律性的东西需要学习、掌握。

1)展览会场布置

展览会场布置是办展企业营造活动氛围的重要空间,也是划分展区、展位的空间,是企业赢利的来源。

(1)展览会场布置的基本原则

展览会场布置要讲究科学性和整体性,要突出展览会的特色以及地方、民族特色。而且现场布置以及展区、展位的划分与潜在参展商的结构紧密相关,必须要遵循以下原则:

①专业性原则。展区划分的主要标准是展品所属的专业题材,同一专业题材的展览内容相对集中。以专业性为标准有利于提高参展商的展出效果,实现参展目的。

②充分利用原则。展览会现场可以用"寸土寸金"来形容,现场布置一定要充分利用展览场地。

③便于管理原则。展览会现场是人群集中的地方,参展商、专业观众、普通观众人数众多,需要充分考虑观众参观和疏散的要求以及现场管理和服务的要求。一定要留出足够的进出通道、消防通道等。

④美学原则。现场布置要有美感,能营造热闹、和谐、亲切的现场氛围,能够让人产生赏心悦目的感觉。可以借助展览会的主题,或者利用当地的特色文化为背景来设计现场,但是一定要避免触犯禁忌。

(2)环境装饰

展览会现场环境装饰主要是要营造良好的会展气氛,常用的手段有主题背景版、室外布置等。主题背景板要求面积较大,足够醒目,一般会布置在会场入口处。背景板内容包含主题、会展日期、主办单位和城市,文字醒目、色彩和谐,整体美观大方,有时还应包括展会的标志、吉祥物等图案如图 3.8 所示。为了烘托气氛,会展现场还可以挂上横幅、竖幅、飘空气球、拱形门等。但这些环境布置一定要遵守环卫、工商、展馆等有关部门的规定,按程序布置。

花卉是环境布置的重要装点。花卉装饰造型要美观大方,相对集中,以不影响布展、参展为原则。主要选择有良好象征意义的时令鲜花。如果有外国参展商参加,应该避免选择外宾忌讳的花卉,如图 3.9 所示。

2)展台布置

展台布置是在限定的时间内,将道具、展品、说明等放置在展台的最合适的位置。展台布置是展览设计工作的组成部分,对整体展示效果影响深远。展台布置要实现突出展品、吸引专业观众、传递展品信息、树立参展企业形象的目的。

图 3.8 文博会主题背景板

图 3.9 广交会场外花卉布置

(1)展台布置原则

①忠实企业 VI 原则。VI 是指企业的视觉识别系统,包括企业各方面外显的符号、形象,参加展览会也是企业强化其视觉识别系统的一个途径。在展台布置中一定要忠实企业的 VI 原则,否则就会给专业观众和社会观众留下一个与企业既有形象不一致的印象。

②迎合观众口味。展台设计中要考虑观众的口味,既不能曲高和寡,也不能庸俗随流。同时设计时要考虑观众的文化背景、当地的社会习俗与禁忌,避免犯忌讳。展览会现场人流的方向也是应该考虑的因素,尽量让展台能与观众迎面而见。

③充分利用空间。尽量向上延伸展台,增加可以展示的内容,也可借助一些高大突出的物体来装饰展台。

④突出主体色彩。通常展览会场本身会有一个主题色,展台布置应该选择一个与现场相异而又相互和谐的色彩作为展台的主题色,以吸引眼球。

⑤服从展会管理。展台是整个展会的有机组成部分,本着友好往来的社交礼仪原则,布置展台一定要服从展会的管理,明确展会主办方的规定和要求。

(2)展台布置的礼仪要求和具体体现

展台布置的礼仪要求主要有两条:其一是尊重观众;其二是尊重不同的礼俗与禁忌。这些礼仪要求在展台布置中有十分具体的表现,主要可以通过以下一些布置手法来实现:

①尊重观众。这里所指的观众既包括专业观众,也包括普通观众。在展台

布置时尽管是寸土寸金,展台还是应该留下充足的地方,以便于观众参观。所有的文字、图案信息无论是设计还是悬挂,都应该考虑观众的需要,便于阅读、理解。

②尊重礼俗与禁忌。"十里不同风,百里不同俗"。布置展台时不能只注重自身的喜好和需求,一定要考虑到观众以及当地的礼俗与禁忌。不展示当地禁忌的物品和图案,不使用当地禁忌的语言文字,不使用当地厌恶或忌讳的色彩。

3.5.2 会议现场布置

1)会场选择

理想的会场是保证会议成功举行的重要因素,对出席活动的人数、会议议程的氛围有重要的影响。会场选择需要做到以下几点:

(1)及早预订会场

一旦会议日期定下以后就要及早预订会场。会场预约的时间应该根据会议预计时间前后各增加 30 min 为宜。

(2)确定会场面积

根据预估的参会人数和会议性质来确定会场面积。总的原则是会场现场要足够宽敞,但不能显得冷清零散。

(3)考查会场的硬件设施设备

现代会议一般需要的硬件设施设备包括:灯光、麦克风、白板、屏幕、投影仪、激光笔、多媒体设备、网络接口、扩音器、背景板、签到台、空调,有时还需要使用同声传译设备。选择会场时应该对上述设施配置进行考查,以满足会议实际需要为标准。

(4)考查交通条件

考查会场周围的交通道路状况,需要考虑的因素有交通是否方便、停车场是否便利、收费是否合理等。

(5)考查会场服务水平

优秀的会场应该按照顾客的建议和要求去提供服务,因此,在选择会场时应该充分考查服务水平。

2)会场环境设计与布置

会场环境布置的基本要求是“以人为本”,既要方便与会人员,又要突出会议特色,力求给与会人员带来美好、深刻的印象。

(1)路标及相关标志

会场外应该在主要的通道设置路标,方便与会者顺利找到会议现场。路标主要有指示箭头、会议名称、地址和时间。如果有在前期宣传和会议现场使用的专用标志,也应该在路标中体现出来,以强化会议的品牌形象。

会议现场一般设有洗手间、餐厅、休息室等标志,但是会议主办者还应做更为细致的准备工作,用会议的标志或文字来突出有关信息,如方向提示、会议日程提示、会议主题等。这样既能起到传递信息的作用,还可以不断强化会议主题和形象,让与会者感受到无微不至的关怀和无处不在的尊重。标志或文字都应是清楚、醒目的,一般要求使用简洁精练的敬语。

(2)冷气与暖气

会场应该通风,同时温度适宜。通常要求开会前 30 min 打开空调,调节室内温度,一般要求将温度调节至 18 ~20 ℃,湿度在 60% ~80%。要保证会场内空气新鲜,没有异味。

(3)桌椅

桌子要足够大,能方便与会者摊开资料。座椅要舒适柔软,如果开会时间较长,最好选择宽大的软椅。

(4)灯光

灯光强度适当,应该给人明亮、柔和、安定的感觉。尽量避免阳光射进会场,因为阳光容易分散人们的注意力。如果在带有舞台的大型会议厅里,主席台的灯光应该略为突出,但不宜过分强调主席台,因为会议是一种交流和互动的活动,不能孤立地突出某一方面人物。

(5)噪音与背景音乐

环境噪音控制对会议有较大影响,因此,会场周围墙面不应过于光滑,应该具有降低噪音的作用。麦克风与音响要保持合适的距离和方向,避免出现杂音,降低会场内的回声,营造良好的开会环境。

背景音乐应该选择柔和、悠扬的曲目,声音不宜过大,以不影响与会人员言谈交流为原则。可以借助投影仪播放一些与背景音乐和谐的画面,帮助与会者放松休息。

(6)色调与色彩

会场四周的景物色彩、桌椅颜色等一般忌用白色、黑色,因为这两种颜色会对人体产生反光和吸光的不良效应。比较恰当的颜色是四周及桌椅选择浅色调。摄像背景(被摄人物背后的墙面)不宜挂有山水画等物品,否则会增加摄像对象的信息流,不利于图像质量的提高。

(7)横幅和会议主题版

会场外应挂有横幅,印上会议名称、时间、地点。国际性会议的名称应该使用中文和外文两种文字书写,注意以右为尊。会期和地点可以用较小的字体写出。

(8)名牌

名牌有挂牌和桌牌两种,应该根据参会人员信息提前制作好。名牌要清楚写明姓名、职务、单位等信息,可以同写在名牌上。但在国际会议中担任职务的人员,如大会主席、副主席、秘书长等,其名牌只写职务,不写姓名。

(9)插花

会议现场可以用鲜花来装饰。鲜花色彩明亮,芳香袭人,可以美化环境,缓解疲劳。随着社会的发展,以及国际通行的会议礼仪要求,现在一般不用纸花、绢花、塑料花来布置会场。鲜花一般布置在主席台上和会场周围,可以将其插成圆形或扇面。但应该考虑与会人员的文化背景和礼俗习惯,避免选择嘉宾忌讳的鲜花。

(10)茶水和茶歇

会议现场应该在角落处或入口处设置茶水服务的地方。国际性会议中还应有服务茶歇,即在会议中场休息时为嘉宾提供茶水、咖啡、点心、水果的服务。茶歇服务要求桌面干净整洁、方便进出,距离会议现场不宜太远。所提供的饮料和点心应该种类齐全,充分照顾与会嘉宾的生活习惯,同时也要尽量体现民族特色和地方特色。

3.6 座次安排

座次安排包括会议现场座次安排、合影座次安排、签约座次安排、乘车座次安排、宴会座次安排等工作。其中会议现场座次安排本应属于现场布置工作，但由于其礼仪规则较多，与其他座次安排内容相关性强，因此并入到本节一并讲解。签约座次安排和宴会座次安排并入第6章讲解。

3.6.1 会议座次安排

1）会议座次安排的形式

会议的目的是交流与沟通，座次安排直接关系着与会嘉宾的心理感受，并影响着交流的效果。常见的会议座次安排有以下几种：

（1）环绕式

环绕式座次安排不设主席台，将桌椅摆放在会场四周，不明确座次的尊卑次序，听任与会者自由就座，如图3.10所示。

（2）圆桌式

圆桌式座次安排是指在会场上摆放圆桌，请与会者自由就座。圆桌可以是大型的椭圆形会议桌，请全体与会人员在其周围就座，也可以是多张圆桌集中在一个会场，与会者自由组合，各自就座。与会人员较少时适合采用前者，参会者多时，可以采用后者，如图3.11所示。

图3.10 环绕式座次

图3.11 圆桌式座次

（3）主席式

主席式座次安排指会场上有明显的主席台，领导、嘉宾、主持人、主人等被有意识地安排在主席台就座。通常情况下，中央、前排或是会标之下、面对正门处是主席台所在之地,如图 3.12 所示。

图 3.12 主席式座次

2) 主席台座次安排

正式会议主席台必须安排座次、放名牌,以便领导、嘉宾、主持人能对号入座,避免上台之后互相谦让。

主席台座次排列,领导为单数时,主要领导居中,2 号领导在 1 号领导左手位置,3 号领导在 1 号领导右手位置;领导为偶数时,1,2 号领导同时居中,2 号领导依然在 1 号领导左手位置,3 号领导依然在 1 号领导右手位置。

几个单位的领导人同时上主席台,通常按单位排列次序排列。可灵活掌握,不必生搬硬套。如对一些德高望重的老同志,也可适当往前排,而对一些较年轻的领导同志,可适当往后排。另外,对邀请的上级单位或兄弟单位的来宾,也不一定非得按职务高低来排,通常掌握的原则是:上级单位或同级单位的来宾,其实际职务略低于主人一方领导的,可安排在主席台适当位置就座。这样,既体现出对客人的尊重,又使主客都感到较为得体。

对上主席台的领导同志能否届时出席会议,在开会前务必逐一落实。领导同志到会场后,要安排在休息室稍候,再逐一核实,并告之上台后所坐方位。如主席台人数很多,还应准备座位图。如有临时变化,应及时调整座次、名签,防止主席台上出现名签差错或领导空缺。还要注意认真填写名签,谨防错别字出现。

3.6.2 会议合影座次安排

合影往往是正式会议必不可少的环节，既是会议重要的记录资料、宣传资料之一，又是大会和谐气氛、与会者良好关系的见证。在正式场合拍摄的合影，一般应当进行排位。在非正式场合拍摄的合影，则既可以排列位次，也可以不排列位次。排列合影参加者的具体位次时，应首先考虑到是否方便拍摄。与此同时，还应注意以下几点：场地的大小，人数的多少，背景的陈设，光线的强弱，合影参加者具体的身份、高矮和胖瘦，方便与否。

在一般情况下，正式合影的总人数宜少不宜多。在合影时，所有的参与者一般均应站立。必要时，可以安排前排人员就座，后排人员则在其身后呈梯级状站立。但是，通常不宜要求合影的参加者以蹲姿参与拍摄。另外，如有必要，可以先期在合影现场摆设便于辨认的名签，以便参加者准确无误地各就各位。

"以右为上"、"居中为上"和"以左为上"。具体来看，它又有"人数为单"与"人数为双"的分别。在合影时，国内的习惯做法通常是主方人员居右，客方人员居左，即"以左为尊"，如图 3.13 所示。

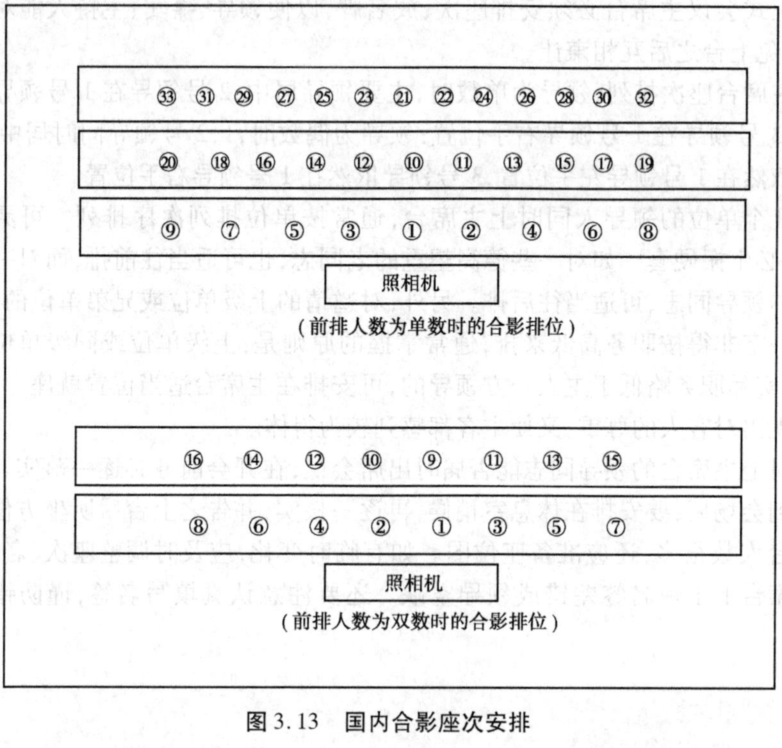

图 3.13 国内合影座次安排

在涉外场合合影时，应遵守国际惯例，讲究“以右为尊”，即安排主人居中，主宾居右，其他双方人员分主左宾右依次排开。简而言之，就是讲究“以右为上”，如图3.14所示。

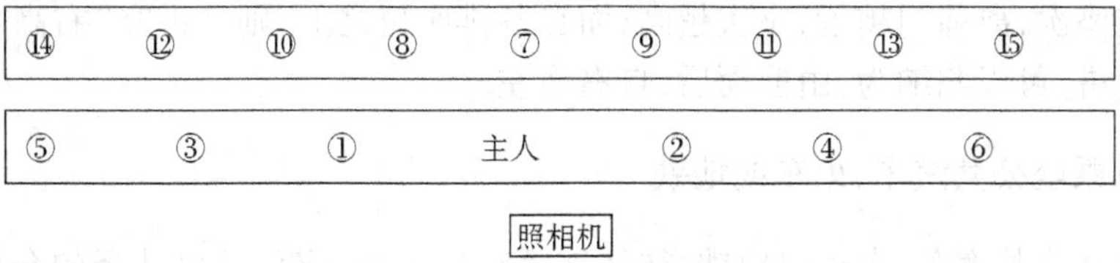

图3.14　涉外合影座次安排

3.6.3　乘车座次

乘车座次因车辆情况不同而有所区别。这里介绍几种常见的车辆座次安排的礼仪规范。

1)小轿车

乘坐双排座或三排座轿车时，座次的具体排列因驾驶员的身份不同可具体分为下述两种情况：

第一种情况，由所乘轿车的车主亲自驾驶轿车。在这种情况下，双排五座轿车上其他的4个座位的座次，由尊而卑依次应为：副驾驶座、后排右座、后排左座、后排中座。三排七座轿车上其他的6个座位的座次，由尊而卑依次应为：副驾驶座、中排右座、中排中座、中排左座、后排右座、后排中座、后排左座。当主人亲自驾车时，若一个人乘车，则必须坐在副驾驶座上，若多人乘车，必须推举一个人在副驾驶座上就座，不然就是对主人的失敬。

第二种情况，是由专职司机驾驶轿车。在这种情况下，双排五座轿车上其他的4个座位的座次，由尊而卑依次应为：后排右座、后排左座、后排中座、副驾驶座。三排七座轿车上其他的6个座位的座次，由尊而卑依次应为：后排右座、后排左座、后排中座、中排右座、中排左座、副驾驶座。三排九座轿车上其他的8个座位的座次，由尊面卑依次应为(假定驾驶座居左)：中排右座、中排中座、中排左座、后排右座、后排中座、后排左座、前排右座、前排中座。根据常识，轿车的前排，特别是副驾驶座，是车上最不安全的座位。因此，按惯例，在社交场合，该座位不宜安排妇女或儿童就座。而在公务活动中副驾驶座，特别是双排五座轿车上的副驾驶座，则被称为“随员座”，循例专供秘书、翻译、警卫、陪同等随从人员就座。

2）乘坐中型或大型轿车

乘坐四排座或四排座以上的中型或大型轿车时，通常应以距离前门的远近来确定座次，离前门越近，座次越高；而在各排座位之上，则又讲究“右高左低”，简单地讲，可以归纳为：由前而后，自右而左。

3）乘坐公共汽车、火车或地铁

乘坐公共汽车、火车或地铁，往往需要对号入座，座位可供选择的余地并不太大，比较而言，有关座次的礼仪要求也相对较少。基本规矩：临窗的座位为上座，临近通道的座位为下座。与车辆行驶方向相同的座位为上座，与车辆行驶方向相反的座位为下座。在有些车辆上，乘客的座位分列于车厢两侧，而使乘客对面而坐，应以面对车门一侧的座位为上座，以背对车门一侧的座位为下座。

本章小结

本章介绍了会展准备阶段的主要工作内容和程序，讲解这一阶段的邀请函礼仪、电话传真邀请礼仪、电子邮件邀请礼仪、人员邀请礼仪、新闻发布会礼仪、会展现场装饰、布置的主要用品和有关礼仪规范，讲解了现场座次安排、合影座次安排和乘车座次安排。

实　训

实训项目一：参展商邀请函写作

实训目的：熟练掌握邀请函写作的方法

实训内容：分小组学习“2006 中国·杭州千岛湖绿城国际游艇展”的背景信息，讨论此次展览活动各类型参展人员/参会人员的利益需求，并根据你所假定的参展人员/参会人员的需求撰写一封参展邀请函。要求文字简洁流畅，语气诚恳热情，信息传递准确完备。

背景信息：

2006 中国·杭州千岛湖绿城国际游艇展

时间:2006 年 10 月 27 ~ 29 日
地点:杭州千岛湖广场
主办单位:淳安县人民政府、杭州市经济委员会
承办单位:杭州佳德展览服务有限公司
协办单位:淳安县旅游局、淳安县公安局
会展主题:2006 中国·杭州千岛湖绿城国际游艇展
会展安排:

• 国际游艇水陆联展

展示地点:千岛湖广场
布展时间:10 月 26 日前
展示时间:10 月 27 ~ 29 日
观众定位:VIP 客户、专业观众
展示内容:各类游艇、部件设备、相关产业、奢侈品等

• 游艇 VIP 试乘体验

时间:10 月 27 ~ 29 日
地点:千岛湖湖区
观众定位:VIP 客户、领导、媒体

• 游艇经济高层论坛

时间:10 月 27 ~ 29 日
地点:千岛湖开元度假村
主题:游艇经济千岛湖
嘉宾定位:政府主管部门、国外游艇发达城市领导;行业协会领导;大专院校学者;知名厂家代表;知名俱乐部成员等相关专业人士

• 游艇产业签约(游艇下水)仪式

时间:10 月 27 ~ 29 日
地点:千岛湖开元度假村
主题:游艇产业千岛湖
目的:搭建游艇及相关设施、设备的购销平台
活动描述:

在上届游艇展中我们邀请了来自中国、澳大利亚、美国、加拿大等 9 个国家的 46 艘游艇参与陆上展示,与在水面展示的千岛湖原有豪华游艇遥相呼应,参

展游艇陆地水上达近百艘。我们组织了一场别具一格的巡航表演,豪艇美女相得益彰,人随艇动、心随景动,展示了盛况空前的豪艇美女盛宴。我们吸引了一大批国内知名企业集团的管理者、富豪巨贾亲临会场,与参展商进行了面对面的交流和洽谈,展会期间参观人数达6.8万人次。我们销售了9艘豪华游艇,总交易额达3 110余万元,并有80余家单位或个人与参展商达成购买意向,意向购买游艇达105艘,意向金额达14 268.5万元。

组织优势:

省市政府推出千岛湖为游艇产业发展基地;

游艇供应商免费参展(场地有限);

政府在国内外主流媒体设立宣传窗口并进行信息对接;

政府出面邀请,国内知名企业管理者、富豪巨贾亲临展会;

现已有30家企业确定购艇意向。

联系方式:××××××

(根据华东燃气信息网信息改编)

讨论主题:

1. 会展邀请函的意义是什么?邀请的对象是谁?应该如何区别对待?

2. 如何撰写邀请函?

教师主要观测点:

1. 观测学生对背景知识的学习状态和收获。

2. 观测学生邀请函撰写是否符合规范。

实训项目二:会议现场布置

实训目的:熟练掌握会场布置的方法

实训内容:仔细阅读下面的会议信息,根据表2.3提示拟出你的现场布置方案。

会议信息:

"文化遗产保护与旅游发展国际研讨会"于2006年9月23~24日在中国江苏南京召开。本届会议是由中国联合国教科文组织全国委员会、东南大学、中国南京世界历史文化名城博览会组委会联合主办,由东南大学旅游学系、南京市旅游局具体承办,并得到联合国教科文组织北京代表处、江苏省文化厅、江苏省旅游局等单位支持的一次专业学术研讨盛会。会议主题将主要关注文化遗产的旅游发展。

作为第二届中国南京世界历史文化名城博览会的重要组成部分,本次会议将汇聚世界以及我国该领域内的著名学者、专家、业界精英和文物、旅游等相关政府部门的领导及各大传媒记者,共同研讨世界范围内的文化遗产保护与旅游开发领域重要议题。会议组委会将以最大的热忱和百倍的努力,争取把本届会议办成一次文化遗产保护与旅游开发的盛会,并搭建起全世界文化遗产保护与旅游开发业界、学界与政府之间广泛沟通与合作的桥梁。

表 3.3 会场布置方案简表

布置项目	布置内容	理由说明
路标		
温度、湿度控制		
桌椅摆放及座次安排		
灯光要求		
背景音乐选择及播放时间确定		
横幅制作与悬挂		
名牌制作		
插花		
茶点		

教师主要观测点:

1. 学生是否能通过讨论,从材料中提炼出有关会议现场布置的具体要求。
2. 学生能否结合本章礼仪知识拟订具有一定专业水准的布置方案。

复习思考题

1. 会展准备阶段需要完成哪些工作?
2. 会展邀请活动的内容和意义是什么?
3 电话、传真邀请参展商或参会嘉宾应该注意哪些礼仪要求?
4. 通过电子邮件与参展/参会人员联系应该注意哪些礼仪要求?
5. 在电话联系中如何体现个人良好的职业形象?
6. 会议现场布置中有哪些礼仪要求?
7. 主席台座次安排的原则是什么?

第4章
会展活动现场礼仪规范及训练

【本章导读】

会展活动现场各环节的礼仪接待工作对于整个会展活动的顺利开展起着关键作用。本章主要介绍会展活动现场的各项礼仪规范，使会展从业人员明确会展活动现场各环节礼仪的重要性，掌握相关的理论知识，并通过3个实训项目的训练，提高会展从业人员现场礼仪的实际操作能力。

【关键词汇】

迎接　司仪　演讲　展位接待

4.1 迎接礼仪

迎接是会展活动中一项最常见的工作,也是会展活动主办方的诚意、形象及礼仪素养的重要体现。迎接工作就像会展活动的门面工程,迎接工作各环节处理得好,会给参加会展活动的代表留下美好而深刻的第一印象,并为即将举行的会展活动顺利开展打下基础。因此,在会展活动中,迎接工作应当事先拟订计划,由指定的部门和人员负责,注重接待礼仪的规范,把握好迎接中的工作细节。

4.1.1 机场、车站迎接礼仪

机场和车站是迎接会展代表的重要场所。在会展活动方案中,常在机场和车站设立专业观众接待站,为专业观众提供接待和咨询服务。训练有素的迎接人员,会给会展代表们留下美好、愉悦的第一印象,因此,迎接人员应注重以下各环节的礼仪规范和要求:

1)迎接前的礼仪要求

(1)提前了解人员或团体情况

确定迎接规格及迎接方案前,首先应及时、准确地了解与会、参展人员或代表团的情况,如:参加人员或团体的名单、性别、职务、参加活动的目的、迎接惯例及抵、离的时间和方式,做好方案拟订的准备工作。

(2)确定迎接规格

明确相应而正确的接待规格,拟订具体、详尽而周密的迎接方案。迎接规格一般应遵循对等或对应原则,即主要的迎接人员应与会展代表的身份相当或相应。如出于特殊原因,主办方人员不能参加迎接活动,使双方身份不能完全对等或对应,也可根据对等原则,由职务相宜的人员迎接,但应及时向对方做出解释,以免造成不悦和误解。此外,还应协助代表们做好返程票务的落实工作,免除代表的后顾之忧。

(3)塑造迎接人员的形象

迎接人员的形象关系到会展主办方的形象,因此,迎接人员的仪表要端庄,仪容要整洁，符合会展从业人员的职业形象。此外，迎接人员还应进行相关的接待礼仪培训，举止优雅大方，语音表达清晰，举手投足间应体现出良好的个人修养和素质，了解并熟练掌握迎接环节及操作中的礼仪规范和要求。

(4)安排住宿及车辆

①事先联系有关宾馆，争取最优惠的价格，并妥善根据参加会展活动代表的情况，做好住宿安排表。原则上只有星级饭店或涉外饭店才可接待外宾。

②安排车辆时，应考虑人数、行李等因素，不应安排得太拥挤。会展地点不在宾馆时，则应安排足够的车辆将会展代表按时送往会展地点参加有关活动。

2)迎接时的礼仪要求

(1)按时迎接

根据国际礼仪惯例，接待人员应提前抵达接待现场，无论何种原因，迟到都被认为是极不礼貌的行为，因为这是失职和不守信誉的体现。因此，对前来参加会展活动的外国、外地客商或代表，应事先准确掌握他们所乘交通工具的航班号、车次以及抵离时间，迎接人员在班机、火车抵达前15～30 min来到迎接地点，以免让经过长时间旅途到达目的地的客人因过久等待而产生不快。如遇到飞机或车辆晚点，也应及时调整迎接方案并做出应变安排。

(2)迎接仪式

迎接仪式可根据接待规格确定。

①迎接外国的国家元首或政府首脑时，应按照国际通行的迎接仪式及礼仪要求进行。如：身份相当的领导人及一定数目的高级官员参加迎接；参加迎接的主要领导人与宾客握手；儿童或女青年献花或花环；奏两国国歌；检阅仪仗队；鸣放礼炮等。

②迎接国际友人及重要宾客时，也可举行欢迎仪式，通常安排由儿童或女青年献花或花环；接待人员介绍主要迎接领导等。

③迎接与会或参展代表团时，因机场、车站客流量大，应事先准备特定的标志，如接应牌或小旗等，写上“欢迎×××(代表团)”等字样，也可写明代表的姓名、会议的名称、接待单位名称等，字迹端正，字体要大，以便让代表从远处就能看清，主动前来接洽。

(3)以礼相迎

接到代表后，迎接人员应做简短的自我介绍，并通过握手、鞠躬或拥抱等方式表示热情欢迎，使代表有宾至如归的感觉，并致以问候语，如“一路辛苦了”、

"欢迎来到××"等。接待外宾常用的问候语有"见到您很高兴"、"欢迎您的到来"等。问候语言应恰当而得体,不应随意使用。

(4)热情主动

如迎接贵宾,迎接人员可指派专人替代表提取行李,客人所带箱包、行李,须主动代为提拎,但不要主动去拿代表的公文包或女性代表的随身小提包。重要代表团如果人数众多,行李也多,应将主要客人的行李先取出,并让迎宾车队按时离开,留下有关人员及行李车装运行李。

3)迎接后的礼仪要求

(1)耐心引导

迎接人员应事先明确迎接车辆停放的位置,带领代表从最便捷的通道走到停车处。引导时如为单行行进,应走在代表二三步之前,为其引路;如为并排行进,可让代表走在内侧,并配合步调,不应走得过快。引导代表上下楼梯或扶梯时,迎接人员应该注意代表们的安全。引导代表乘坐电梯时,迎接人员应注意先进后出的礼仪要求。无论哪种情形,接待人员都应使用规范的引导手势,即右手抬起,手肘与上臂呈120°,四指并拢,拇指与其余四指自然分开,手心向着代表,示意所指的方向,并配以"请这边走"、"请各位小心"等礼貌性的提示用语进行耐心地引导。

(2)周到服务

从机场、车站到会展地或住宿地,主办方可安排接待人员陪同乘车。乘车时,迎接人员应先打开车门,代表先上,自己后上。上车时,代表可从右侧门上车,接待人员从左侧门上车,避免从客人座前穿过。如代表人数较多,为了在迎接时避免混乱,应事先排定乘车号和住房号,并打印成表格。在代表抵达时,将乘车表发至每一位来宾手中,使之明确自己所乘的车号。同时,便于迎接人员清点每辆车上的人数,也便于代表入住后的相互联系。

(3)善于交流

随车迎接人员上车后应致欢迎词,宣布注意事项,并发放相关资料,如接待手册等。迎接人员应善于交流,途中可向代表介绍有关活动、会务的安排情况,如背景资料、筹备过程、活动日程等;也可与代表做轻松、愉快的谈话,如介绍本地风光名胜、气候特产或本地大事等。如接待外宾,则应安排熟悉外语的接待人员作为随车翻译,做好接待工作。

4.1.2 现场各环节迎接礼仪

1)现场接待礼仪

(1)热情细心

会展代表到达现场时,迎接人员应提前在门口迎接,体现出主办方的热情,并主动问候,这是现场迎接礼仪的第一步。问候时可使用“先生”、“小姐”等礼貌性泛称,使用“您好”、“早上好”、“晚上好”等问候语。

会议现场接待的第一环节为报到及签到,接待人员应面带微笑,准备好报到需要的相关资料,如签到册、资料、纪念品等,细心地指导代表填写,及时发放会议相关资料,并双手递送给与会代表。在会议入场处,接待人员应统一着装站在门口两侧,并礼貌地引导与会代表入场就座。

展览会现场接待第一环节则是办证。如人员较多的代表团可事先将资料、票证办妥并发放。而现场办证的代表,则依据办证程序办理,接待人员应向远道而来的代表表示问候,并耐心地请代表出示邀请函、相关证件等,指导他们填写办证表格,引导代表来到制证场地等候办证。办证过程中应多使用礼貌语言“请坐好”、“请看摄像头”、“请稍候”等,最后将制作好的证件双手递送给代表。

(2)眼到意到

迎接会展活动代表时,应全神贯注,注意与代表保持目光接触。为代表服务时,可遵循先主后次、先女后男的礼仪原则。平等对待所有参与会展活动的代表,无论是国内同胞或是外国客商,都应一视同仁。

2)现场介绍礼仪

现场介绍时,应依据礼仪规范,按照先主后次的介绍顺序,表示对客方的尊重,并以职务的高低为先后进行介绍。介绍人可由双方职务最高者或工作人员担任。如果主宾双方职务最高者本已认识,则可由他们依次介绍各自人员,也可以由双方的工作人员介绍。介绍形式一般以口头介绍为主,如果人数不多,也可以用互换名片的方式进行介绍。

3)现场投诉接待礼仪

会展活动的综合性特点,决定了投诉往往伴随着会展活动的发生而产生。任何一个环节出现问题,都有可能造成参与会展活动代表的不满和投诉。会展接待人员在接待投诉时必须遵守代表至上的原则。现场接待人员妥善处理投诉的礼仪关键点在于以下几个方面：

①耐心倾听。接待人员应始终耐心地倾听投诉,不要打断投诉者的话语。

②注视对方。接待人员的目光应注视对方,保持眼神的交流,让投诉者感受到你的关注而非漠不关心。

③保持微笑。微笑能给人带来愉悦的感觉,也有利于让投诉者的心情趋于平静。

④礼貌提问。为了清楚理解对方投诉的主要内容及让对方感受到你的理解是准确的,可对投诉事项进行一些必要而礼貌的提问。

⑤记录信息。将投诉的事项记录下来或口头复述一遍,让对方感到你对他投诉的重视。

⑥给予答复。针对投诉的事项,如可现场解决,则立即为投诉者解决;如无法现场解决的,则应向对方说明情况,请对方留下电话或其他联系方式,随后联系相关部门进行解决,并将答复情况及时回复对方。

⑦感谢对方。针对投诉,无论是否属于主办方在会展活动工作过程中的失误或不足,都应当对投诉方对会展活动的关注表示感谢,让对方欣慰而回。

4.2 司仪礼仪

近年来,随着会展各种仪式活动数量的急剧增加,会展司仪人员在会展仪式活动中的作用越来越重要。据上海会展行业的相关信息统计显示,2006 年,上海国际清洁技术与设备博览会,上海肥料、农药及花卉园艺展览会,上海国际广告新技术、新设备、新材料、新媒体展览会,上海国际汽车工业展览会,上海国际鞋展,2006 世界乳业大会,中国缝纫设备与加工技术展览会,中国国际五金展览会……各大专业会展活动云集上海,国庆的黄金周假期,又迎来一系列娱乐、时尚类展会。期间,会展专业司仪人员最为需求,也最为难求。

会展司仪是会展各种仪式、活动的主持人,从事会展仪式活动方案策划、程序推进、气氛调节和关系沟通等工作,是协助仪式活动现场控制,也是串联整个会展仪式活动进程的灵魂人物。各种展会对于专业司仪人员的迫切需求,充分地体现了会展司仪的重要性。可见,司仪是会展活动中不可或缺的重要角色,而掌握司仪礼仪规范更是司仪人员在工作中的重中之重。

4.2.1 一般司仪程序

1)仪式活动前

在主持各种仪式、活动之前,为了导入、串联、配合会展仪式活动各环节,推进活动程序,司仪人员一般要求做好如下工作:

①了解会展仪式活动的各种目的及要求;

②尽可能参与会展活动方案的构思和撰写;

③承担会展仪式活动细节的筹办;

④熟悉会展仪式活动的程序;

⑤明确主持活动过程中的礼仪要求。

可见,会展司仪人员不仅需要具备良好的语言表达能力,还应当为主持活动做好之前的各项准备工作,做到心中有数,为会展活动的顺利进行打下良好的基础。

2)仪式活动中

在会展仪式活动过程中,举办各种仪式一般都需要司仪主持。司仪在主持会展活动各种仪式时,可以适当的方式简要说明自己的身份,也可根据仪式的不同,灵活变换自我介绍的风格。在主持仪式时,司仪一般按以下程序进行:

①做好准备工作。司仪应严格控制时间进程,在仪式活动开始之前,应力争让一切工作准备就绪,并安排主席台上的会议领导及嘉宾依次入席,严格执行议程的时间安排。

②活动时间到达时,为了表现对按时出席活动及仪式的领导和嘉宾的尊重,司仪人员应当准时宣布会展仪式活动正式开始,并请全体起立,奏国歌。

③介绍主要来宾,宣布贵宾、需要发言的嘉宾名单。宣布出席活动的领导人不宜过多。在介绍"出席××活动的领导、贵宾"中,应按职位高低宣布,一般情况下,先宣布外宾、外单位领导人的名字,各主办单位领导应排在宾客后面,但如果主办单位领导是国家领导人的则应先报;如果有外国驻华大使参加的,因其是外国元首的代表,故宣读名单时其位置则应提前。司仪应事先了解仪式中应介绍的嘉宾的职务、头衔及其正确的英文或外文名称,在介绍重要来宾和邀请嘉宾发言时,也应当向观众宣读其职务与头衔。

④祝词或开幕词。司仪邀请领导或贵宾致辞,内容可包括此次会展活动举

办的缘由及意义，对所有来宾表示感谢，对会议、展览活动的祝愿和期待。祝词或开幕词应当热烈而简短。

⑤介绍会展仪式活动程序。司仪的介绍能让代表们了解仪式活动的具体安排及时间。

⑥宣布会展仪式活动开始，如剪彩、奏乐、舞狮等。

⑦司仪按程序进行会展各项活动或邀请嘉宾参观展览。

此外，会展司仪人员还可适当地与会展活动参与者进行交流互动，营造气氛，会展主持人的礼仪表现对会展仪式活动能否取得圆满成功有着重要的影响。

4.2.2 司仪形象礼仪

1)会议司仪的形象礼仪

①会议司仪的着装应整洁、庄重而大方，体现出良好的外在形象及精神风貌，还可佩戴胸花配合活动的喜庆气氛，切忌给大家留下不修边幅、着装不合时宜的感觉。

②会议司仪在主席台上主持整个活动的过程中，应步态自然，步伐稳健，面带微笑，体现一种成竹在胸、自信自强的风度与气质。

③会议司仪如为站立主持，应双腿并拢，腰背挺直。持发言稿时，右手持文稿的底中部，左手五指并拢自然下垂。双手持文稿时，应与胸齐高。如为坐姿主持，应当身体挺直，双臂前伸，两手轻按于桌沿。主持过程中，不要叉开双腿，弯腰驼背，给人萎靡不振之感，也切忌出现搔头、揉眼、跷腿等不雅动作。

④会议司仪应口齿清楚，思维敏捷，语言表达简明、流畅。如司仪手持发言稿时，还需要时常抬头扫视一下会场，不能只顾低头读稿，旁若无人，而无法与在场的代表们交流。如为简短的串联词，一般应熟记于心，不能看稿。

⑤会议司仪应根据会议性质调节会议气氛，或庄重，或幽默，或沉稳，或活泼。

⑥会议司仪事先应熟悉整个活动的流程，并熟悉领导人的名字及头衔，宣读领导及嘉宾名单时不能出现差错。

⑦会议司仪对会场上的熟人不能打招呼，更不能寒暄闲谈，会议开始前，或会议休息时间可点头、微笑致意。

2)展览司仪的形象礼仪

(1)展览司仪的着装可根据展览的性质决定

在一些特定的展会上,如动漫节、电玩展等活动中,司仪可以穿着夸张且与主题相吻合的服装。而在一般商务性质的展览中,司仪的着装应符合适合体形、适合身份、适合年龄、适合场合四项着装礼仪要求。

①展览司仪着装应注意长短、松紧与体形相吻合,不能穿着过透或过露的服装,身体部位的过分暴露,不但有失自己身份,而且也失敬于人,使他人感到多有不便,更容易分散观众接收传递信息的注意力。

②展览司仪的主要任务是吸引观众对展览的注意力,成为展商与观众交流的桥梁,从而达到宣传展览的产品及展商生产经营理念的目的。因此,司仪人员的着装应与身份相协调,既要端庄大方、贴近生活,又不能浓妆艳抹,珠光宝气,以免拉大与观众的距离。

③司仪的着装应适合年龄。如果着装与年龄错位,势必造成观众的反感,起到相反的效果。

④根据展览会的特定场合,司仪着装一般应当较好地配合展览会的气氛,才能更好地为展会服务。

(2)展览司仪的眼神要求十分专业

眼神能很好地起到沟通的作用,司仪的眼神运用应当与观众的注意力联系在一起。

①展览司仪的眼神应准确配合所展示的产品的内容。司仪在主持活动的过程中,应显示自己对产品的信任与了解,使观众听其言,观其眸,让观众的情绪能与司仪的现场情绪相吻合,能很好地起到宣传展品的作用。

②展览司仪的眼神应注重寻求与观众眼神的交流。这种交流能让观众感受到尊重,也有利于司仪及时接受观众反馈的信息。如果观众目光专注,点头致意,表明对司仪的赞同;如果观众目光发散,面无表情,说明司仪应及时调整自己的主持语言及方式,才能更好地让观众接受传递的信息。

(3)展览司仪的姿态礼仪十分重要

司仪可以运用双手做出各种动作来辅助语言表达,渲染气氛。手势方向的上下代表积极活跃或深沉低调;手势活动区域位于身体的上部或下部代表称赞或蔑视等。

总之,会展司仪在展会中,主持应注重自然、适度,拉近与观众的距离,才能在会展活动中起到应有的作用和效果。

4.2.3 司仪语言礼仪

作为会展活动的司仪人员,在语言表达的要求上除了能字正腔圆、语言流畅,还应当能够运用声调、语调的变化和技巧,调动现场气氛,能够掌控会展活动大局,帮助完成整个会展活动相关仪式。因此,其语言的技巧和礼仪要求很高。

①首先,在开场称呼中,可按国际惯例称"女士们、先生们",或"贵宾们、女士们、先生们、朋友们",后面不必再加"同志们"。

②司仪发言词中的"欢迎"、"感谢"之类的句子要尽量归纳精简,以足够为度,从而节省鼓掌时间和次数,以免引起参与者的厌烦。

③司仪需要使用现场翻译时,应尽量控制场面,与翻译人员默契配合,不要在中文讲完时立即让中方人士鼓掌,应在翻译结束后,中、外人士共同鼓掌,以示对外宾的尊重。

④司仪的发言应适当照顾翻译上的困难,尽量避免使用国内工作中常用的缩略语或惯用语。如需引用古诗、谚语,事先应做好翻译工作。

无论主持哪种会展活动,司仪最重要的工作就是要对参加会展的名人及准备演讲的重要人物的名字了如指掌,不能出错,其次要记住会议的程序、目的、安排等事务。司仪的主要任务就是轻松自如地把会展活动的参与者聚合在一起,营造出友好融洽的气氛,搭建起会展活动主办方与参与的代表们之间的桥梁。一位称职的司仪,应明确自身的角色,不应该喧宾夺主,要在最短的时间里,通过自己的语言把演讲者推销给听众,把他们演讲的内容推销给听众,这样才能令会展活动开展得有声有色。

4.3 演讲礼仪

演讲,又称讲演或演说,它是向听众就某一事件、某一问题,发表个人见解,或是论证某种观点,是当众进行的一种正规而庄严的讲话。演讲是沟通的升华,是交流的最高境界,也是表达会展活动主题及思想感情的一种方式。演讲具有明确的目的性,简单地说,它只是为了传递一种信息,具体地说,它是为了阐明一个事实、提供一种见解、分析一个事物、说服一个群体。演讲具有姿态语言配合有声语言、情真意切的特点,能更吸引听众和观众,具有强大的交流功能,并为会展活动的成功奠定基础。

随着会展经济的不断发展,演讲作为一种强有力的沟通及表达感情的手段,频繁地出现在会展活动中。在会展活动中听到的演讲大多数都是礼仪性的,有欢迎词、祝贺词、欢送词、答谢词、解说词、介绍词,如:温家宝总理在2006年第100届中国出口商品交易会开幕式暨庆祝大会上的讲话;商务部部长薄熙来在2006年第二届中国会展经济论坛在北京开幕式上的致辞等。

会展活动中的演讲有一定的礼仪规范可循。演讲时不讲究礼仪,或其他的不良表现,会直接影响到会展活动的声誉。因此,作为会展活动中备受瞩目的演讲者,必须掌握演讲礼仪。

4.3.1 演讲礼仪要求

1)保持精力

演讲时要保持充沛的精力,才能更好地打动听众,具有更强的感染力,达到演讲的预期效果。因此,演讲者在演讲前应充分休息,养精蓄锐。演讲时则要气宇轩昂或洒脱大方,表现出应有的气度及良好的精神状态。

2)正确着装

演讲者的服饰应以整洁、大方、端庄为原则。男士的服装一般以西装、中山装为宜。女士着装应端庄、优雅,并化上淡妆,不宜过于奇异、艳丽,以免分散听众的注意力。

3)注重姿态

作为一个成功的演讲者,除了精心预备演讲内容外,还应当注重演讲时的姿态礼仪。

①演讲者走上讲台时应保持正确的走姿,上身直立,不弯腰,不腆肚,步伐稳重,目视前方,头正不偏,双手自然摆动。走上讲台后要慢步自然转弯,面向听众站好,大方自然,亮相得体,然后以诚恳、恭敬的态度向听众敬礼,稍稍稳定一下之后,再开始演讲。

②演讲者一般为站着演讲,并辅以适当的手势。站立要稳,站姿得当,切勿前后摇摆,显出稳重干练之美感。如左右移动重心,会给听众造成演讲者心神

不定的感觉。

③演讲者演讲时，双手尽量不要胡乱挥动，可以双手相握，放在身前或身后，或者放松垂在两侧。双手的姿势相当重要，并且有时能加强你的演说，但要尽量避免一再重复同一动作。不要胡乱地挥动手臂，以免分散听众听你演说的注意力。

3）关注交流

演讲者上场后务必首先环视一下全场，目光应落到每位听众的脸上，让听众感觉到与演讲者进行的目光交流。如目光左右躲闪则显得鬼鬼祟祟；目光朝上显得目空一切或思想不集中；目光向下则无交流之感。这几种情况，都将直接影响演讲效果。

4）声音洪亮

演讲者的声音要响亮。音量的大小根据会场的大小和人员的多少而定，既不要过高，也不要过低。过高易失去自然和亲切感，过低会使会场出现不应有的紊乱。

5）注重技巧

演讲者在演讲过程中应注重演讲的技巧，声音应抑扬顿挫，有所变化，借以突出重点，表达感情，或是调动听众的情绪。

6）表情自然

演讲者作为演讲台上的主角，应当注重表情自然，不能过于夸张，也不能面无表情，表情应根据演讲的内容而变化，但应自然而适度。

7）服务周到

演讲者如演讲时使用的语言与听众有所不同时，主办方应考虑是否使用翻译或使用同声传译的设备，以便让听众更好地接受演讲信息。

8）讲究礼节

演讲完毕，演讲者应向鼓掌的听众鞠躬，表示谢意，并向主持人致意。

4.3.2 几种常见的演讲形式

会展活动中常见的演讲形式有:欢迎(致贺)、欢送(答谢)、解说(简介)等,为了便于掌握,以下分别介绍几种不同形式的演讲应注意的礼仪问题。

1)欢迎(致贺)时的演讲

在会议、展览开幕时,为会展活动的举行而表示祝贺,为远到而来的嘉宾致上一份热情洋溢的欢迎词,往往必不可少。准备贺词及欢迎词时,通常应考虑对象、场合、内容与态度等几大问题。但欢迎(致贺)时演讲的重点就在于"欢迎与祝贺"上。

①在祝贺会展活动顺利举行、欢迎参加会展活动的各方人士时,演讲者应面带微笑,目光和蔼,充满自信,表现出祝贺及欢迎的氛围和特点,也体现出主办方热情、诚恳之意。

②演讲者应注重与听众交流眼神,目光应扫视全场,让所有的听众都能感受到与演讲者的目光交流。

③演讲者的语言可生动、形象或幽默、风趣,可使用名言、诗词或描绘性的语句,增强演讲的效果,但要注意不能使用不规范的语言或乱开玩笑,引起听众的反感。演讲的开场白没有固定模式,可以首先介绍一下自己的姓名,并向来宾致意,郑重表示欢迎之意,对即将举行的活动表示祝贺、建议与希望等。

④演讲时间设定在 3 min 左右即可,一般不要超过 5 min,否则演讲的效果会有所降低。

⑤演讲稿也应事先准备并加以背诵,以便在演讲台上能应付自如,不应低头照念稿子。

⑥开幕式、会场等现场演讲时场地应特意布置,事先准备音响设备,以免影响演讲的效果。

2)欢送(答谢)时的演讲礼仪

会展活动结束之时,应对参加会展活动的代表及嘉宾表示感谢和欢送之意。与欢迎相比,欢送多了一份惜别,少了一分热烈,但更增添了真情实感,欢送时的演讲重点在于"感谢与祝福"。

①演讲者可对会展活动进行回顾和总结。

②演讲者可表现出惜别之情。

③演讲者应对参加会展活动的代表及嘉宾表示感谢及表达美好的祝福。

3)讲解(简介)时的演讲礼仪

在会展活动中,这种演讲形式十分常见,尤其是在确定主题的会议或展览会上,相关人员、展位服务人员需要对会议推介的项目、展览展出的产品及企业进行讲解和简介。因此,演讲者应注意以下几点:

①注重与听众、观众的交流,演讲时可适当使用手势,让观众的注意力转移到需要介绍的产品和内容上。

②解说应具有针对性。解说和介绍的内容应针对展览或会议的主题,突出项目及展品的特点及优势。

③解说时应镇定、大方,并配合需要介绍的项目和产品选择解说的风格,保持演讲者的风度,也注意演讲的效果。

4.3.3 演讲礼仪训练方法

演讲需要训练,其中的礼仪要求也需要演讲者通过训练而熟练掌握。

1)自信心训练

首先,演讲者应训练出充分的自信心。如果在演讲时不熟悉讲稿,必然使演讲大打折扣。因此,演讲者应事先针对会展活动的主题准备好演讲稿,并将稿子熟读或熟记于心,以提高自己的信心。

2)形象设计训练

演讲者在正式演讲前应设计好自身的形象。结合会展活动的主题,着装应符合演讲者的礼仪要求。正式演讲前演讲者可在几套着装中寻求最佳方案,争取将最好的形象展现在演讲台上。女士可化淡妆,既尊重听众,也增强了自信。

3)演讲动作训练

演讲的动作不必模仿旁人,只需对着镜子练习即可。演讲者在演讲前,应当结合演讲稿的内容设计动作,切忌在某句话后固定做某个动作。动作应大方、得体、优美、合理,不要生硬地强加动作,但可在演讲过程中随兴而动,更显自然,恰到好处的动作会给演讲增色不少。

4)姿态、表情训练

演讲者在演讲台上的姿态和表情是训练的重点。在进行演讲时,应掌握演讲者正确的站姿,并加以练习。演讲者的表情应轻松自然,面带微笑,目光要勇于与听众交流,演讲者在练习的过程中要有针对性地进行训练,才能在正式的演讲中取得良好的效果。

5)语调技巧训练

演讲者语调技巧的训练是演讲礼仪训练的难点。有的演讲无论是观点还是材料,都无可挑剔,但是演讲却缺少了应有的感染力。究其原因,就是演讲者缺乏应有的语调技巧。语调技巧的训练应注意把握以下几点:

(1)把握好演讲语言的节奏,快慢适宜

节奏的快慢应与演讲稿相吻合,当讲到内容重要、事迹感人的地方,为了感染听众,便于听众记忆和理解,节奏应放慢;而在演讲的情感高潮迸发之际,语速可加快,使听众在这些语言的节奏变换中感受语言,感受演讲的真谛,感受心灵深处的震撼。

(2)把握好演讲的停顿与衔接,停连得当

停连是指演讲中的停顿与衔接,是声音的中断和延续,也是一种不可忽视的演讲语言技巧之一。停连不仅可以调节演讲者的气息,更重要的是可以恰如其分地传情达意。演讲过程中应注重停顿,保持演讲的气息通畅,灵活地运用各种停顿的方式。

①演讲者可将演讲稿分成若干短句,而不是受标点符号的限制。这种停顿的设计能较好地调节演讲者的气息,也能让听众更从容地接受演讲的内容。

②演讲者可在不同的意思和段落中间安排停顿,给听众有过渡的自然感。

③演讲者在演讲中,提出问题后应稍微停顿,以便引起听众的注意并给予听众思考的时间。

(3)把握好演讲语言的语调,轻重得当

演讲者根据演讲稿的内容和感情脉络,应将表达感情的语句重读,提高演讲的表现力和感染力。在演讲语言的表达技巧中,重音可以采用不同的方式表达不同的效果。

①重音重读。在演讲中加大音量,把重音读得重而响,表达明确的思想、态度和观点。

②重音轻读。在演讲中本来该读的重音改为用虚声轻读，巧妙地表达一种凝重而深沉的感情。

③重音慢读。在演讲中在重音前或重音后安排或长或短的停顿，从而更好地反衬出重音，强调重音要表达的感情。

④重音高读。在演讲中将重音词语声调提高，并通过非重音词语声调的下降，在声调高低的映衬下突出了重音，突出了主题。

⑤利用各种装饰音、笑音、哭音或者气息音、颤音等，帮助多样化地表现重音。

(4)把握好演讲语言的句调，抑扬顿挫

演讲的句调对演讲的整体效果起到很大的作用，句调是依据演讲中整个语句的音高而产生变化。演讲中，要表达不同的思想感情，需要有不同的语言环境，为了增强表达效果，演讲者就要在语句的音高方面表现出高低、升降的变化，更好地进行表情达意。

①高升调，即前低后高，语气上扬的句调。在感情激扬的语句及需要强调的问句中经常使用。

②降抑调，即前高后低，语气渐远的句调。与高升调正好相反，这种句调常在表现肯定、许可、感叹、祝愿时使用。

③平直调，即语气平缓、起伏不大的句调。这种句调在演讲中往往运用在叙述性的语句中，并表达平淡或庄重的感情。

④曲折调，即语调曲折有变化，中间高，两头低。演讲中这种句调的使用一般表达惊疑、夸张和嘲讽等感情。

演讲的语言技巧及礼仪要求十分重要，它对于演讲者的演讲效果起到直接的影响。因此，演讲者应当明确演讲各方面的要求，多加训练，不断总结，不断提高，才能逐渐熟练掌握各种技巧和要求，取得满意的演讲效果。

4.4 听众/观众礼仪

会展活动主题和组织决定着会展活动的成败，而会展活动的参与者——听众与观众也能直接影响到会展活动的成效。近年来，以观众的质量来评判展会的好坏，已成为一种惯性化的价值标准。在会展活动中，各种仪式、演讲及展览都有大量听众和观众的参与，作为会展活动的一名参与者，无论是听众或观众，都应当服从会展主办方的管理，自觉遵守会展各项活动的秩序，都需要了解并熟悉会展礼仪规范,并自觉遵守会展活动的礼仪规范和要求。

4.4.1 听众/观众礼仪要求

1)听众礼仪要求

作为会议和仪式活动的听众,在参加活动时,应遵循礼仪的规范,做个文明的听众。

(1)严守时间

听众应当准时到会,准时入场。宁可提前 15 min 也不要迟到 1 min,对于这种隆重场合,如果能比预定时间提前到达,更能体现听众的素质及自身的效率原则。

(2)规范着装

听众应穿着规范,衣着整洁,与会贵宾或嘉宾可由接待人员发放胸花,并佩戴于左胸前,不应穿夸张或与听众身份不相符合的服装,仪表大方,进出有序,并按会议安排落座。

(3)坐姿端正

听众应坐姿端庄,身体挺直,表现出精神饱满的状态,小动作不宜太多,不应私下小声说话或交头接耳,不应三心二意、东张西望,切忌做出挠头、抖腿等不雅举止,这些都会影响听讲的效果,也会影响发言人的心情。

(4)专心聆听

聆听时要专心致志,可适当做笔记,并经常与发言人保持目光接触,仔细听清对方所说的话。聆听的过程更是一个积极思考的过程,要边听边想,敏锐把握发言人话语里的深层含意。而只有准确地把握了他人的真实想法后,才能使自己做出正确的判断。

(5)维护秩序

听众在参加会议或仪式时,应将手机关掉或调到震动状态,既表现出对他人的尊重,不会打断发言者的思路,也是个人礼仪素质的一种体现。发言人发言结束时,听众应鼓掌致意。如需中途退场应动作轻缓,不影响他人。

2)观众礼仪要求

展览活动需要接待大量的观众,包括专业观众和普通观众。但无论属于哪种观众,展览会的参与者都应当争做文明观众,遵守礼仪规范。

以上海光大会议展览中心举办的“第四届上海机关学校后勤设备与系列日用物资及公关服务展览会”和“2006 上海机关办公楼宇节能技术与设备应用展览会”为例。这两次展览会虽然面积不大,但其鲜明的定位和品位却十分吸引人。首先,展览会定位明确,是专业性很强的展览会,观众定位虽然狭窄,但观众的质量很高。其次,展览会的区域特点很浓,无论是参展商还是专业观众,大部分都来自于上海本地,结合后勤产业市场因地制宜、就地采购的特点,充分体现了“小而专”的特点。展览会上很多专业观众在各展台驻足,遵守展会的秩序和要求,细心地咨询产品特点,表现十分专业。但是,也有一些非专业观众进入展览会,未经允许随意乱摸乱动展品,在一定程度上搅乱了展览会的秩序,打击了一些参展企业的积极性。由此可见,会展活动过程中,无论是专业观众还是普通观众,作为一名会展活动的参与者,都应当自觉地遵守会展活动礼仪规范,体现出一个文明守法的观众应有的素质。

(1)专业观众的礼仪要求

作为展览会的专业观众,应当注重自身的形象塑造。在着装上应注重端庄、大方,专业观众应该是参展商的潜在客户,因此,应该给参展商留下一个专业的形象和印象。

①在展会上,应尽快取得参展商的分布图,设定参观路线。列出你准备参观的厂商清单,并将他们分成两个部分,一个是“必须参观”的,另一个是“选择参观”的,以提高观展的效率。

②明确需要了解来自参展商的哪些信息,了解参展商间的区别,并准备好提问的问题,并想办法取得参展商不想回答的问题的答案。

③设计一个产品、服务信息收集表,以便准确地比较不同参展商之间的异同。

④确定你参观整个展览会要花费的时间,甚至停留每一个摊位所要花费的时间。直接告诉展商你的行程紧张,不希望浪费时间闲聊,希望可以单刀直入正题。

⑤在展位或产品展示处向周围的人介绍自己,派发并收集名片。

⑥避开过于拥挤的展位,应在展会结束前,参观人数不多的时候再折回拜访。

⑦带上笔和便条随时记下重要的信息,甚至可以用小型录音机做记录。

⑧专业观众如对展品有兴趣或有合作意向时,与参展商洽谈时,应注重尊敬对方和自我谦让等礼仪细节:

首先,态度诚恳亲切。说话时的态度是体现洽谈诚意、合作意向的重要因素,因此,观众应神情专注,面带微笑,多与参展商进行眼神接触和交流,体现出真诚合作的意向,给对方留下认真、诚恳的印象,为今后的合作打下良好的基础。

其次,措辞专业谦逊。在交谈中应针对展品及业务进行交谈,对对方应多用敬语、敬辞,对自己则应多用谦语、谦辞,忌用粗鲁污秽的词语。

再次,语调平稳柔和。与参展商洽谈时,语音语调以平稳柔和为宜。用词上,要注意感情色彩,多用褒义词、中性词,少用贬义词;在语气语调上,要亲切柔和,诚恳友善,不要以教训人的口吻谈话或摆出盛气凌人的架势。

最后,应掌握洽谈分寸。观众的洽谈应掌握分寸,如只是带有合作的意向,则洽谈过程中应有所保留,必须对说的话进行有效的控制,掌握说话的分寸,才能较好地控制洽谈的进程,为今后的合作打下基础。

针对专业观众,上述参观展会的礼仪要求虽然简单,但却是事实证明行之有效、事半功倍的办法。只要注意到这些细节问题,便可达到预期的效果。

(2)普通观众礼仪要求

①根据展览时间的具体日程,合理安排工作,按时参加展览活动。

②未经允许,观众不应随意触摸和拿走展品。如有需要,可以请展位接待人员代为展示或经过工作人员允许后轻拿轻放,以免造成展品的破损。

③观众应对展位接待人员提供的讲解及服务报以礼貌地回应,如微笑、点头等,不应面无表情地左顾右盼。

④不能哄抢展品。展会结束时,参展商一般会将样品进行现场处理,观众应有秩序地进行购买,而不能一拥而上,哄抢展品,造成展会秩序的混乱。

4.4.2 听众/观众现场控制技巧

1)听众现场控制技巧

会议、仪式的现场控制应做好会前的准备和会中的相关工作。

①会议、仪式的主席台和听众席可事先进行座次安排,以便让听众秩序井然地落座。我国目前排列座次的惯例是:前排高于后排,中央高于两侧,左座高于右座。相关座次安排参见第3章。一般听众席的座次,既可以按指定区域统一安排,也可以不做安排,任由听众自由就座。

②会场应保持安静,主持人在进行现场控制时,应提醒听众关闭手机或调

整成震动状态，以免影响发言人的发言。

③当会场比较嘈杂时，主持人说话时可以将声调提高或停顿，或绕场漫步，或用手势提示等方式，引起听众的注意，控制现场嘈杂的气氛。

④主持人也可以利用幽默、风趣和生动的语言作为串联词，引起听众的共鸣，从而达到控制现场的效果。

⑤当需要听众鼓掌时，主持人应运用语言或带头鼓掌，以带动听众，控制现场。

此外，会议及仪式的现场还应当做好安全、保卫及茶水服务等工作，以保证现场良好的秩序。

2）观众现场控制技巧

①在一些大型或重要的展会上，参展商可聘用主持人进行宣传，吸引观众观看，活跃现场气氛，达到扩大产品宣传的目的。

②主持人在展会中想方设法地营造现场活跃的气氛时，应注意适度，不可生拉硬拽，矫揉造作，引起观众的反感，从而无法达到现场最好的展示效果。

③如果展台免费给观众发放宣传品和纪念品时，应在发放同时注意选派专门人员维持秩序，保持现场的有序。

④如展会的公众开放日到来的观众过多，比较拥挤，展位接待人员应注意分工和协作，耳听六路，眼观八方，以免造成展品或展位的损坏。

此外，展会的现场控制还应当由展会主办方的安全等部门负责协调和维持。

会展活动顺利、安全地开展，需要会展活动的主办方认真细致地做好各项准备工作，而对于每一位参加会展活动的听众或观众，也都应当遵守会展活动的礼仪规范，使会展活动在主办方和参与人员的共同努力下，画上圆满的句号。

4.5 展位接待人员礼仪

展览会是一种直观、生动、双向沟通的复合型传播方式，它可以通过实物、图片和现场讲解，加深观众的印象，还可以与观众面对面交谈，强化宣传，达到现场营销的效果。近年来，展览会正是以其独具的专业性、针对性的特点，逐渐成为国际、国内企业直接面对客户、展示企业的极好工具，它不仅具有极强的说服力、感染力，还可以用现身说法打动观众，借助各种媒介和传播方式提高声誉。企业参加展览会的主要目的也是为了提高公司的知名度,吸引客户,洽谈合作,在客户心目中树立良好的品牌形象。而怎样才能在展览会上最大限度地表现公司的优势,吸引展会观众,这是展会中越来越受关注的问题。

展览会现场由众多展位组成,展位接待对于展览会的成功起到举足轻重的作用,它能让展览参观者对展览留下深刻的印象。伴随着我国展览业的迅速发展,越来越多的企业对展览礼仪、展位接待礼仪越加重视,也有越来越多的企业希望借助展位礼仪及形象,力求塑造品牌展位。成功地进行展位礼仪接待,策划展览礼仪活动,可以使企业在展览会上活起来,跨出展台,走向更广阔的世界。

4.5.1 展位接待要求

展位应当展示特色。在大型展会中,展位众多,观众集中,如要让观众关注展位,的确需要在展位的设计及展览上突出特色。因此,参展单位应突出自己展位的新颖性,在展板设计、产品摆放等外观设计上力求美观与创新相结合,牢牢吸引参观者的眼球。企业在确定参展并获得相应的展位后,一定要在展品的选择、展示的方式、人员的配备与培训、广告宣传等方面苦下工夫,力争花费最少的费用,通过最短的时间获得最佳的参展效果。在展品的选择上,要选择能体现自身产品优势的展品,并遵循针对性、代表性、独特性三条原则;在展示方式上,一般需要配以图表、资料、照片、模型、道具、模特或讲解员等真人实物,借助装饰、布影、照明、视听设备等展示手段,加以说明、强调和渲染。在2006年第100届中国出口商品交易会上,不少公司就特别注意展位的“外在形象”,从简单的布展发展到了精美的布展,通过展位,将企业文化理念、产品特色一一“秀”出来,从而吸引观众的眼球。此外,展位还可以通过邀请模特或礼仪小姐前来表演助兴,能起到画龙点睛的效果。

4.5.2 展位接待人员的礼仪要求

参展商的展位能否在展会上取得成功,很大程度上取决于展位接待人员的表现。因此,企业在参展前应注意展位接待人员的挑选,并对展位人员进行专业知识及礼仪接待等各方面的培训,并在展位接待过程中注意以下礼仪要求:

1)热情待客

展会实际就是现场营销的战场,展会上容易分散人们注意力的因素很多,因此,展位接待人员应当在开展前做好相应的准备,热情待客,用微笑对待每一位经过展位的观众,主动向对方打招呼,如“您好,欢迎参观”、“请您参观”等,耐心地进行讲解,并善于分辨及识别潜在客户,分发相关的印刷品和宣传材料,真诚地道别,如“谢谢光临”等。不能对观众的提问置之不理,应让观众高兴而来,满意且带着收获离去,使展位展览取得成功。

2)熟悉展品

展位的接待人员应当进行接待前必要的专业知识培训,如:有针对性地让接待人员了解一些公司产品的资料、竞争对手的信息以及重要客户的情况,明确参展的目的和期望,以便胸有成竹地与观众和潜在客户打交道。

3)善于交流

展会接待人员的素质决定着参展企业在会展上的成败,企业选择接待人员时应注重他们的礼仪素质,除了能熟练使用接待礼仪外,还应当要求他们要擅长和陌生人交谈,了解观众及客户的需要,具有较好的亲和力,如:能够巧妙地设计开场白;与观众进行交流;动听的声音、流利的解说能力等。展位接待语言应简洁、明了,选用最简短而富有条理的话语,抓住观众的心理,抓住展品的特点,适时地与观众进行交流与服务,也有助于建立公司的专业形象。

一般说来,一段好的开场白应该具备以下几个条件:

①准备好开放式的问题。常见的开放式问题有:

“您怎么会来参观这场展览呢?”

“您对某某产品熟悉吗?您用过某某品牌的产品吗?”

一般不要以回答是或否的问题来展开交流,例如:

“您有什么需要吗?”

“您喜欢这次展会吗?”

这样的问题作为开场白效果比较差,因为问题容易引导观众回答“是”或“否”就离开展位,不易深入话题。

②应当让观众谈谈他们自己或他们的工作与爱好。

③应当抓住观众的注意力,吸引观众走进展位。

④应当根据观众的需要介绍一些与行业相关或与产品相关的信息,或者适时地强调展品的特点及优惠政策。如:

“您是否曾经希望自己可以(节省时间、钱、力气等)?”

“哪些方面信息是您希望得到的?”

"您在某某方面最迫切的需要是什么?"

作为开场白,这些问题设计的效果很好,除了开放式的提问外,还能指出一种产品或服务的优点,或者指出了一种需求或一个产品的特点,尤其是最后一个问题,可以使展位接待人员和观众一起讨论他们的需求或关注的事物,更易于深入交谈。

4)学会倾听和解说

展位上的倾听十分重要,接待人员应专注而有意识地注意倾听,能从中发现观众的兴趣和爱好。讲解时,应注意语言流畅,语调柔和,声音清晰。同时,还要善于运用解说技巧,向观众介绍或说明展品时,应当掌握基本的方法和技能。解说技巧可按展会类型不同而有所侧重。

在宣传型展览会上,解说的重点应当放在推广参展单位的形象之上。要善于使解说围绕着参展单位与公众的双向沟通而进行,时时刻刻都应大力宣传本单位的成就和理念,以便使观众对参展单位给予认可。

在销售型展览会上,解说的重点则必须放在主要展品的介绍与推销之上。按照国外的常规说法,解说时一定要注意"FABE"并重,其中,"F"指展品特征,"A"指展品优点,"B"指客户利益,"E"则指可靠证据。要求接待人员在销售性展览会上向观众进行解说时,注意"FABE"并重,就是要求其解说应当以客户利益为重,要在提供有利证据的前提之下,着重强调自己所介绍、推销的展品的主要特征与主要优点,以争取使观众觉得言之有理,乐于接受。

解说要善于因人而异,具有针对性。在实事求是的前提下,要注意对其扬长避短,强调"人无我有"之处。在必要时,还可邀请观众亲自动手操作,或由接待人员为其进行现场示范,将观众这种潜在的客户发展为真正的客户,这也是尊重和赢得观众的重要举措。

5)礼貌欢送

当观众离去时,接待人员应礼貌地与观众道别,并致以"谢谢参观,再见"等礼貌用语,给观众留下一个美好而难忘的印象。

4.5.3 展位接待人员的仪容仪表

展位接待人员的形象代表了整个企业的形象,因此,应对展位接待人员的形象予以高度的重视。

1)仪容仪表礼仪

展位接待人员一般应统一着装,可着深色的西装、套裙,也可着本单位的制服。在大型的展览会上,展位如果安排专人迎送宾客时,宜统一穿着色彩鲜艳的单色旗袍,并胸披印有参展企业或展品品牌的绶带。为了说明各自的身份,接待人员还应在左胸佩戴写明本人单位、职务、姓名的胸卡。按照惯例,接待人员不应佩戴首饰,男士应当剃须,女士则最好化淡妆。

2)展位接待服务礼仪

接待人员要注意待人接物的礼貌,意识到热情而竭诚的服务是每一位展位接待人员的天职,并将其落实到自身的行动之中。展览一旦正式开始,接待人员即应各就各位,站立迎宾。不允许迟到、早退、无故脱岗、东游西逛,更不允许在观众到来之时坐、卧不起,怠慢对方。展位迎接及服务要适时提醒出席者关掉手机、寻呼机,或将其调至静音状态。当观众走近自己的展位时,不管对方是否向自己打了招呼,接待人员都要面含微笑,主动地向对方说:"您好!欢迎光临!"随后,还应面向对方,稍许欠身,伸出右手,掌心向上,指尖直指展台,并告知对方:"请您参观。"当观众在展位上进行参观时,接待人员可随行于其后,以备对方向自己进行咨询;也可以请其自便,不加干扰。假如观众较多,尤其是在接待组团而来的观众时,接待人员亦可在左前方引导对方进行参观。对于观众所提出的问题,接待人员要认真做出回答,不允许置之不理,或以不礼貌的言行对待对方。当观众离去时,工作人员应当真诚地向对方欠身施礼,并道以"谢谢光临",或是"再见"。

在任何情况下,接待人员均不得对观众恶语相加,或讥讽嘲弄。对于极个别不守展览会规则而乱摸乱动、乱拿展品的观众,仍须以礼相劝,必要时可请保安人员协助,但不许对对方擅自动粗,进行打骂、扣留或者非法搜身。

4.5.4 展位接待人员的礼仪训练

1)微笑和眼神的训练

①微笑是最富有吸引力、最令人愉悦也是最有价值的表情,是友善、自信的表现。微笑是指不露牙齿、嘴角两端略微提起的笑。微笑的训练可按以下方式进行:放松面部肌肉,进行"一"、"子"字的发音嘴形练习。练习时,要使双颊肌

肉用力向上抬，发"一"、"七"、"子"音，用力抬高口角两端，但要注意下唇不要用力太大，显示微笑的表情。

②眼神训练：练习时用一张厚纸遮住眼睛以下部位，对照镜子，发挥想象，调动感情，或回忆美好的过去、经历和情景，使笑容发自内心，而后鼓动双颊，嘴角两端做出微笑的口型。这时，你的眼睛便会露出自然的微笑，然后再放松面肌，嘴唇也恢复原样，目光仍旧含笑脉脉，这就是眼神在笑。学会用眼神与人交流，这样的微笑才会传神、亲切。内心充满温和、善良和关爱时，那眼睛的笑容一定很感人。

此外，还可以在众人面前当众练习，使微笑规范、自然和大方，克服羞怯心理。

2）接待姿态训练

（1）站姿

展位接待人员的站姿要求端正、自然、亲切而稳重。训练时，可将身体靠墙，上身正直，头正目平，脸带微笑，微收下颌，挺胸收腹，腰直肩平，两臂自然下垂，两腿相靠站直，肌肉略有收缩感。

（2）走姿

展位接待人员的走姿要求稳健、自然、大方。训练时，上身正直不动，两肩相平不摇，两臂摆动自然，两腿直而不僵，步幅适中均匀，步子向前平移。

3）接待手势训练

展位接待人员的手势要求彬彬有礼、优雅自如。接待时手势不宜过多，幅度不宜过大。训练时，五指伸直并拢，掌心斜向上方，腕关节伸直，手与前臂形成直线，以肘关节为轴，弯曲140°左右为宜，手掌与地面基本形成45°角。

介绍某人或为观众引导时，应掌心向上，四指并拢，大拇指张开，以肘关节为轴，前臂自然上抬伸直。指示方向时，上体稍前倾，面带微笑，自己的眼睛看着目标方向，并兼顾观众是否意会到目标，切忌使用含有教训人意味的手势，用手指来指去，给观众留下极不礼貌的印象。

本章小结

本章介绍的迎接礼仪、司仪礼仪、演讲礼仪、听众/观众礼仪及展位人员接待礼仪是会展活动现场礼仪的几个重要的构成因素。通过本章的学习,会展从业人员应在会展现场工作中,注重各环节的礼仪规范,在从事会展具体接待工作中得心应手,根据要求纠正工作中的不足与错误,为会展活动的顺利开展做好各项现场工作。

实 训

实训项目一:模拟机场迎接

实训目的:

①将机场、车站迎接礼仪的理论知识与实际操作相结合,提高学生的应用能力和实际操作能力。

②通过案例实训,要求学生掌握迎接礼仪方案的拟订程序。

实训内容:阅读下列案例,分组讨论,拟订迎接礼仪的方案。

在一次博览会即将举办之际,迎接宾客的接待小组到机场迎接一个一行4人的越南商贸代表团。在接到宾客后,迎接人员引导宾客走下楼梯,当大家拉着行李走了很久,才发现原来有直达电梯到达停车场。没想到迎接车辆却不在原来通知的位置上。接待人员急忙打了若干个电话才联系上了司机,又引领代表团终于到达了停车处。这时,虽然迎接人员反复道歉,但代表团成员已经怨声载道。

讨论主题:

1. 案例中展览会的代表在埋怨什么?

2. 如果你是迎接人员,请你为接待这个越南代表团拟订一个迎接礼仪的方案。

实训指导:迎接程序

①迎接前的准备:了解情况;确定规格;安排住宿和车辆。

②迎接仪式的确定。

③迎接车辆的座次安排:9座的面包车迎接4人的代表团,加上随车迎接人

员,如何排座?

教师主要观测点:

1. 学生参与活动的积极性和团体协作意识。

2. 学生对引导手势及表情、迎接问候语言的练习。

实训项目二:现场演讲

实训目的:掌握演讲者的礼仪要求,掌握演讲技巧。

实训内容:

1. 分组讨论朗读中如何处理以下演讲稿的语言、语调、节奏、高潮等问题。

在第100届中国出口商品交易会开幕式暨庆祝大会上的讲话

中华人民共和国国务院总理　温家宝

(2006年10月15日)

各位来宾,各位朋友,女士们,先生们:

今天晚上,美丽的羊城火树银花,流光溢彩。我们欢聚一堂,共同庆祝第100届中国出口商品交易会隆重开幕。我谨代表中国政府,对各国朋友表示热烈的欢迎!

1957年,中国政府决定在广州创办一年两届的中国出口商品交易会。50年来,广交会从未间断,迄今已举办100届,成为中国历史最长、规模最大、商品种类最全、到会客商最多、成交效果最好的综合性国际贸易盛会,在新中国外贸史和建设史上留下了光辉的一页,对推动中国外贸发展和对外开放发挥了十分重要的作用。

——广交会是中国对外开放的窗口。中国的发展离不开世界。透过广交会这个窗口,让世界了解中国,也使中国了解世界。众多中外企业在这里交流信息、洽谈业务、推介品牌、采购产品。中国产品从这里销往五大洲,遍及世界各个角落。

——广交会是中国对外开放的缩影。广交会的举办,迈出了中国对外开放的重要一步。广交会半个世纪的历程,反映了新中国对外开放的历史,展示了改革开放以来对外贸易的新发展和新成就,表明中国对外开放的道路越走越宽广。中国全方位对外开放的格局已经形成。

——广交会是中国对外开放的标志。继续办好广交会,是我国新时期对外开放的需要,是实施互利共赢开放战略的重要组成部分。随着中国走向更加开放,经济不断繁荣和发展,广交会面临更多的发展机遇。广交会要继续办下去,不断创新,办得更好,再创辉煌。

来宾们,朋友们,对外开放是中国实现现代化的必由之路。对外开放有利于中国的发展,中国的发展也有利于世界。在经济全球化深入发展和科学技术日新月异的新形势下,中国将坚定不移地实行对外开放政策。

我们要遵循世界贸易组织规则,扩大市场开放,积极参与全球多边贸易体制建设。

我们要鼓励双向投资,提高利用外资的质量,积极引进先进技术和管理经验,大胆学习和借鉴人类创造的一切文明成果。

我们要完善涉外经济法律法规,实施保护知识产权的国家战略,努力创造公平的竞争环境,依法保护各类企业和个人的合法利益。

我们要同世界各国开展各领域的交流与合作,开创互利共赢的新局面,共同建设和谐世界。

为了更好地适应对外开放的新形势,扩大进口,增加出口,推动进出口贸易的协调平衡发展,中国政府决定:从第101届开始,广交会更名为中国进出口商品交易会。欢迎更多的各国工商界人士和其他各界朋友们前来参加。

谢谢大家!

(资料来源:http://www.fmprc.gov.cn/ce/cekor/chn/xwxx/t276180.htm)

讨论主题:这篇演讲稿的停顿、节奏及高潮应该如何处理?

2. 选定主题,学生自己撰写演讲稿,开展班级演讲比赛,练习具体的演讲礼仪和技巧。

参加人员:每组选派1~2名代表作为参赛者。

评分标准:

①仪表整齐10%;

②仪态大方、表情自然30%;

③声调、语调设计得当30%;

④声音响亮、普通话标准20%;

⑤脱稿10%。

讨论主题:演讲中声调、语调和句调如何变化,如何把握开幕式演讲热情洋溢的总格调?

教师主要观测点:

1. 观测各小组的合作状态和成员的参与性。

2. 观测演讲者的礼仪规范、演讲稿的处理和有关技巧,掌握演讲者的姿态、表情等要求。

实训项目三:模拟展位接待

实训目的:通过案例操作,要求学生掌握展位接待人员的礼仪规范和展位接待的要素。

实训内容:阅读下列材料,分组讨论。

2005 中国(长沙)酒文化博览会

由中国糖业酒类集团、中国食文化研究会支持,中国酒类商业协会、中国民间文艺家协会主办的"2005 中国(长沙)酒文化博览会"于 2005 年 10 月 28 日至 11 月 1 日在湖南长沙红星国际会展中心隆重召开。

酒文化,是酒的历史、政治、经济、文学、艺术生活等多方面所表达的总体,也是酒类品牌、酒产品质量、风味及其历史沿革、包装设计、酒名及其商标的文化内涵。对特有的文化背景、文化底蕴、文化内涵的挖掘、升华和推介,已经成为酒类生产企业及其产品名牌思路、名牌战略的重要组成部分。

2005 中国(长沙)酒文化博览会,是弘扬中华民族酒文化的一次盛会,是大力发展酒产业、提高酒文化价值和品味的一次盛会,是增进中国酒文化与国际酒文化、酿造工艺、市场营销等方面的交流、融合与发展,提高国酒竞争力、创立国际名牌的一次盛会!

金秋 10 月,2005 中国(长沙)酒文化博览会隆重开幕,以酒文化为缘,广聚四海宾朋,共谱酒文化的盛世华章!

主　　题:传承国酒文化　构建和谐社会

展览地址:湖南 · 长沙 · 红星国际会展中心

布展时间:2005 年 10 月 23 ~ 27 日

展览时间:2005 年 10 月 28 日至 11 月 1 日

展览规模:3 层楼共 1 500 个国际标准展位

参展范围:

①白酒、葡萄酒、黄酒、啤酒、果酒、保健酒、各类饮料、饮用水、保健饮品、固体饮料、奶制品、豆制品、茶类、食品、酒类饮具、酒类工艺品、礼品等。

②各类酒文化、酒文物及复制品、酒类图书刊物、电子商务、投融资招商项目等。

③各类酒、饮料、饮用水的酿造、生产、包装、储藏输送、防伪等技术和设备。

④各类酒、饮料、饮用水的内外包装、装潢及其商标设计、标签制造等。

讨论主题:

1. 设想如果你是一个参展商,你的展位接待应注意哪些问题? 展位接待应按哪些程序进行？

2. 模拟确定一样展品，挖掘展品特色，拟写接待解说词。

3. 模拟分别进行解说，并相互点评。

教师主要观测点：

1. 观测学生的合作状态和参与的积极性。

2. 观测学生是否掌握展位接待的程序，是否理解展位接待人员的形象要求，是否能够恰当地进行解说。

复习思考题

请判断下面定义是否正确：

1. 会议和与其相关的各种聚会如博览会、展览会等，是一种产业。（ ）

2. 开会时如果坐在身边的人想站起来时，应当帮助他。（ ）

3. 任何展览会接待人员的着装应注重新颖、特别，才能吸引观众的眼球。（ ）

4. 演讲者不一定需要与听众进行眼神交流。（ ）

5. 在新产品、新技术的陈列和展示会上，展位人员一般都需要进行解说。（ ）

第5章 会展结束阶段礼仪及训练

【本章导读】

本章主要讲述会展结束阶段,会展主办方要对来宾进行送别表示尊重和惜别,并赠送相应礼品进行答谢和致意。要求学生了解并掌握会展现场以及机场、车站、码头送别的程序和相应的礼仪要求;了解礼品派送的含义和作用,并掌握礼品派送的礼仪要求。

【关键词汇】

送别礼仪　礼品派送礼仪

5.1 送别礼仪

送别礼仪是交往中的一种常见的社交礼仪。送别通常是指在来宾离去之际,出于礼貌,而陪着对方一同行走一段路程,并看着对方离去;或者特意前往来宾启程返还之处,与之告别。会展结束阶段礼仪,主要是指在会展现场以及机场、车站进行送别的礼仪。

5.1.1 会展现场送别礼仪

1)送别前准备

当会展举办到后期阶段,来宾先后要离场时,主办方就要安排进行送别。

首先要确定送别规格。一般情况下,送别宾客要讲究规格对等,即在送别宾客时,主办方出面迎送的主要人士的职务、身份、地位,应当大体与来宾的职务、身份、地位相仿。因此,送别首先要根据来宾的身份和参加目的,以对等为原则,确定来宾的送别规格,安排合适的人员进行送别。如果是国际性的会展,还要适当考虑两国关系,注意国际惯例,综合平衡。

其次要布置送别地点和场景。一般在会展现场出口处或会展的签到处安排送别。会展快结束时,安排一定的工作人员等候在送别处。特殊情况下,配以合适的场景,准备好要赠送的小礼品。若要与来宾进行话别,则需在会客室或贵宾室做相应的布置。

2)送别过程

在会展现场最为常见的送别形式有道别和话别。按照常规,道别应当由来宾率先提出来。当会展的来宾前来向主办方道别时,来宾往往会说"就此告辞"或"后会有期",而此刻主办方则一般会讲"谢谢光临"或"后会有期",双方握手道别。如果来宾与主办方接待人员彼此熟识,宾主双方还会相互道"再见",叮嘱对方"多多保重",或者委托对方代问其同事、家人安好。在道别时,特别应当注意下列 4 个环节:一是应当代表主办方表示诚挚的谢意;二是握手道别时,应当伸手在后;三是必要的情况下,应当相送到会展现场门口;四是必要情况下赠送纪念的小礼品。

话别,亦称临行话别。当宾客与主办方关系密切,或有具体的意见要交换时,往往会有话别。与来宾话别的时间,一要讲究主随客便;二要注意预先相告。最佳的话别地点,在会展现场的会客室、贵宾室里。参加话别的主要人员,应为宾主双方身份、职位大致相似者,对口部门的工作人员、接待人员等。话别的主要内容有:一是表达惜别之意;二是听取来宾的意见或建议;三是了解来宾有无需要帮忙代劳之事;四是向来宾赠送纪念性礼品。

5.1.2 机场、车站、码头送别礼仪

送行,在此特指东道主在异地来访的重要客人离开本地之时,特地委派专人前往来宾的返还之处,与客人亲切告别,并目送对方渐渐离去。在会展接待工作中需要为之安排送行的对象主要有:前来参会参展的国内外贵宾、远道而来的重要客人、关系密切的协作单位的负责人、重要的合作单位的有关人员。当然,如果年老体弱的来宾和携带行李较多的人士要求主办方为之送行时,也要尽量满足对方的请求。

1)确定送别规格

会展结束时,对前来参展参会的来宾,无论是官方人士、专业代表团还是民间团体、知名人士,在他们抵离时,要安排相应身份的人员前往机场(车站、码头)送别。

到机场、车站、码头送别也要视其身份和参加的目的,以及单位间的关系等因素,确定送别规格,安排相应的送别活动。如果有贵宾到来,必要时安排相应的欢送仪式,但为了避免造成厚此薄彼的印象,非有特殊需要,一般都按常规办理。

主要送别人通常要同来宾的身份相当,但由于各种原因(例如当事人年事已高不便出面、临时身体不适或不在当地等),不可能完全对等,遇此情况,可灵活变通,由职位相当的人士或由副职出面。主送人身份要与来宾相差不大,以对口、对等为宜。当事人不能出面时,无论做何种处理,应从礼貌出发,向对方做出解释,其他迎送人员不宜过多。

2)提前抵达送别地点

如果来宾返程时将直接乘坐专门的交通工具,从自己的临时下榻之处起

程,可以将来宾的临时下榻之处作为送行的地点,例如宾馆、饭店等。为来宾正式送行的常规地点,通常应当是来宾返还时的起程之处,通常是机场、码头、火车站等。

由于天气变化等意外原因,飞机、火车、船舶都有可能不准时;某些大城市,机场、码头离市区又较远,必须准确掌握来宾乘坐飞机(火车、船舶)抵离时间,及早通知全体迎送人员和有关单位。

送别时如要举行欢送仪式的,送行人员应在来宾登机(上火车、轮船)之前抵达。如客人乘坐班机离开,应通知其按航空公司规定时间抵达机场办理有关手续(身份高的客人,可由接待人员提前前往代办手续)。

考虑为来宾送行的具体时间问题时,重要的是要同时兼顾下列两点:一是切勿耽误来宾的行程;二是切勿干扰来宾的计划。

3)具体送别过程

送别身份高的客人,需要时,还需派车从下榻处接送至机场(车站、码头)。有的安排主人陪同乘车,也有不陪同乘车的。如果主人陪车,应请客人坐在主人的右侧。如是三排座的轿车,译员坐在主人前面的加座上;如是二排座,译员坐在司机旁边。上车时,最好客人从右侧门上车,主人从左侧门上车,避免从客人座前穿过。时间允许时,事先在机场(车站、码头)安排贵宾休息室,准备饮料,安排话别;或者根据送别规格安排正式的送别仪式。像会展现场送别一样,双方握手道别,赠送相应的纪念礼品,预祝对方一路顺风,互道珍重。送别方要看着交通工具启动,再行离开。

5.2 礼品派送礼仪规范

5.2.1 礼品派送的含义和作用

俗话说:“礼轻情意重。”人们常以送礼来表达情谊。礼品不在于是否贵重,主要是表达送礼人的心意,使受礼人为之感动。它是表达情意的一种辅助方式,是相互交往的一种礼节。自古以来,人们就用“赠礼”的方式,来表达相互的祝贺、敬意、友谊、爱情、感情、慰问以及哀悼等。在国际交往中,相互馈赠,也是一种表示友好和敬意的重要方式,有利于促进友好关系的发展。在对外贸易洽谈中，谈判人员在相互交往的过程中，经常会馈赠一些礼品以期表示友好和联络感情，西方学者幽默地称之为润滑策略。在某些国家，送礼则是谈判的一项重要准备工作，没有这项内容，谈判就不会顺利进行，生意也就无从谈起。

我国是礼仪之邦，早在春秋时期，我国就崇尚礼仪，几千年来，已经形成一种文化。随着时间的推移，作为这种文化的物质核心——礼品，也在日新月异地变化。不同的年代，不同的历史背景，礼品也各不相同。在社交活动中向外商适当地馈赠一些礼品有助于增进双方的友谊。商务活动中互赠礼品也是一种礼仪，礼品的选择传递着权势、世故、知识和兴趣等信息。在某些场合下，互赠礼品本身也是一笔大生意。会展接待中派送礼品属于商务礼品的一种，第一，有助于表达对来宾及其单位的尊重；第二，通过良好的祝愿以发展业务关系；第三，某些特制的纪念品有助于推销宣传自我。

5.2.2 礼品派送的礼仪要求

1）注重礼品的赠送规则

国际社会有通行的礼品赠送规则——“六 W 规则”，即接待人员向外方人士赠送礼品时在总体上予以统筹考虑的六大要点。这均以“W”字母作为词首或词尾的六大要点在会展礼品派送中同样适用。

①送礼的对象（who）。送礼时必须明确受赠对象是“谁”，即要求了解清楚受赠者的具体情况，要注意送赠对象不同国家、不同地区、不同民族、不同阶层、不同年龄、不同性别、不同职业、不同的受教育程度以及不同的文化背景。

②礼品的选择（what）。送礼时必须重视送给外方人士的礼品具体是“什么”比较恰当，要求送礼不但要因人而异，而且要兼顾赠送者的能力、交往双方的关系、赠送礼品的场合等。

③送礼的目的（why）。必须明确“为什么”要送礼品，主要是为了向对方表达自己的尊重、友好与善意。

④送礼的时机（when）。必须审慎地考虑“什么时间”赠送礼品为宜。比如充当客人时，接待人员通常应当在宾主双方相见之初或首次正式拜会主人时，即向主人奉上礼品。会展接待中，接待人员往往应在送别时，向来宾赠送礼品。

⑤送礼的场合（where）。必须认真确定“什么地点”赠送礼品为宜。因公交往赠送的礼品，应在办公地点或大庭广众之前赠送，以示郑重其事或光明正大；因私交往赠送的礼品，则应在私人居所或并无他人在场之际赠送，以示双方关

系密切,私交甚深。会展礼品派送应在会展现场、客人下榻之处、车站(机场、码头)等送别场所。

⑥送礼的方式(how)。要充分考虑"如何"赠送礼品。送礼时,一是要关注赠送者的身份,赠送者与受礼来宾身份要相当;二是要重视礼品的包装,通过合适的包装来提升礼品的档次,表达赠送者对受赠者的尊重;三是要进行礼品的介绍,对礼品的产地、特征、用途以及寓意,应向受赠者进行必要的说明。

2)重礼品的选择

(1)突出礼品的纪念价值

虽然会展接待也属于商务交往,"礼轻情意重"在礼品派送中也同样适用;在选择礼品时,要着眼于礼品所代表的情感和心意。向对方赠送的礼品,不论获赠对象是集体还是个人,均应注重其纪念性。具体来说,就是选择的礼品价格不宜太昂贵,不应过分突出其身价,而是应当注重强调纪念意义。在不少国家,在官方活动中向个人或组织赠送身价高昂的礼品都不受欢迎,情况严重的话,还有贿赂之嫌,甚至为此而触犯法律。除了有特定规格的接待外,一般来说,送给对方一本画册、一套明信片、一张照片、一枚纪念章或者有当地特色的纪念物;如果是会议或展览而特定设计的,会更受对方欢迎,比如说能够记录会议主要议程或来宾参会过程的纪念册、相册或光盘。这样的礼品比较有纪念意义,可以使人睹物思情,产生美好回忆,其纪念价值无可替代。

(2)体现礼品的地方特色

"物以稀为贵",体现地方特色的礼品具有较高的价值,不仅能给来宾带来参展参会的美好回忆,还能为当地做宣传。一般来说,从这个角度出发,以选用当地土特产为宜;各地的土特产都很丰富,以轻便为原则选购。而在国际会议中,向外方人士赠送的礼品就要具有民族性。外方人士往往认为最具有中华民族传统特色的礼品才是最好、最受欢迎的,诸如唐装、丝巾、布鞋、手炉、剪纸、窗花、图章、玉佩、筷子、二胡、笛子、空竹、风筝以及中国结、油纸伞、生肖挂件等,都深受外方人士的喜爱。具有地方特色的礼品,如果能加上会议或展览的标志,就兼具地方特色和纪念性了,效果会更好。

(3)重视礼品的便携性

一般情况下,参会或参展的来宾都有来自于外地的朋友,特别是国际性会议或展览,来宾大多为远道而来,因此,派送的礼品要便于携带,否则反而为他们平添麻烦。至少,不应赠送易于损坏或是体积过大、分量过重的礼品。如以民间工艺精制的陶瓷、玻璃制品或巨型图画、雕塑、屏风、摆件，虽然很具有地方特色，也具有很高的纪念意义，但因其易破、易碎、不耐碰撞挤压，有些体积庞大、笨重，因此，不宜向来宾贸然相赠。我国富有民族特色的景泰蓝艺术品、脸谱、泥人及一些针织品、剪纸等手工艺品等很受国内外客人的欢迎，而小剪指甲刀、清凉油很受外国朋友欢迎。

(4)明确礼品的针对性

挑选礼品时要因人而异，因事而异。选择礼品时，务必要充分了解受礼人的性格、爱好、修养与品位，尽量使礼品受到受礼人的欢迎。此外，还应考虑到在不同情况下，向受礼人赠送的礼品应当有所不同。比如，在国务活动中，宜向国宾赠送鲜花、艺术品。出席家宴时，宜向女主人赠送鲜花、土特产和工艺品，或是向主人的孩子赠送糖果、玩具等。在接待活动中选择礼品时，应当根据具体对象的不同有所区别。具体来说，选择礼品时，必须注意因人而异，因事而异。所谓因人而异，是指选择礼品要根据双方不同的关系，如有可能，最好要根据对方的兴趣爱好，投其所好。而因事而异，指选择礼品时，要根据不同的目的。

3)注意忌送的物品

商务交往中，礼品在维系客户双方关系起着很重要的作用，但它也是双刃剑，既可改善也可损害公司的形象。因此，选用合适的礼品、注意忌送的礼品很重要。一般来说，适合因公赠送的大众型的物品如表5.1表示。

表5.1 大众型的商务礼品

礼品类型	礼品举例	优 点	要 点
实用型礼品	钢笔、袖珍计算器、笔记本、领带、钱包、香水、打火机、各类球拍等	客户比较容易接受，可以慢慢建立良好关系，此类最常用	了解客户爱好、性格，投其所好
摆设型礼品	台历、招财猫(类似的有牛、羊等吉祥物)、水晶摆设等	精致，感觉良好	此类多用于初始接触阶段
代币型礼品	交通卡、手机充值卡	送者方便，受者实惠	赠予熟悉的客户
奢侈型礼品	名表、工艺品等高级礼品	价值高，给客户留下深刻印象	赠予贵宾，或双方业务的关键阶段

根据一般经验，有些物品在接待活动中不宜充当礼品，接待人员在赠礼时通常要回避这些物品。会展接待中派送礼品也要注意这些不宜派送的物品。

①一定数额的现金、有价证券。在许多国家，因公交往中收受高价值的物品有受贿的嫌疑，被视为一项常规的职业禁忌。因此，政府部门或公司、企业往往都有明文规定，禁止其工作人员在对外交往中接受现金、有价证券，或是实际价值超过一定金额的物品。

②天然珠宝、贵金属饰物及其他制成品。忌向外方人士赠送此类物品的缘由，一方面与前者基本上相同；另一方面，天然珠宝、贵重金属饰物等大多属私人贴身用品，比如项链、手镯等，在此方面与手帕一样，不宜送公务合作方。

③药品、补品、保健品。根据国际通则，个人的健康状况属于"绝对隐私"，因此，将与个人健康状况直接挂钩的药品、补品、保健品送给会展来宾，往往都不会为对方所欢迎。

④广告性、宣传性物品。带有明显广告性、宣传性的物品送与对方，往往会被理解为有意利用对方，或是借机进行政治性、商业性宣传。

⑤以珍稀动物或宠物为原材料制作的物品。国际社会倡导维护生态环境、保护珍稀动物，因此，珍稀动物及其制成品不宜充当礼品。一般来说，因公交往不宜送以大熊猫、东北虎、藏羚羊的毛皮制成的物品或象牙制品；也不宜选以猫、狗等宠物为原材料的制成品为礼品。

⑥有悖现行社会规范的礼品。挑选赠送的礼品时，要遵守法律、道德等现行的社会规范，包括赠送者与受礼者双方现行的社会规范。

⑦涉及国家和行业机密的物品。在接待活动中，接待人员必须具有高度的国家安全意识与保密意识。既要讲究待人以诚，又要注意"防人之心不可无"。在任何情况下，都不可擅自将内部文件、统计数据、情况汇总、技术图纸、生产专利等有关国家、行业的核心秘密随意外送，否则不仅有损于国家利益或行业利益，而且还可能会为此而受到法律的制裁。

⑧冒犯受赠对象的物品。赠送的任何物品，都不应冒犯受赠对象本人，也不应冒犯其所在国家、所在地区、所在民族，还不应冒犯其所在单位。因此，特别要注意礼品的品种、形状、色彩、图案、数目、外包装或者其寓意，不要冒犯了受赠者的个人禁忌、职业禁忌、民族禁忌和宗教禁忌。

4）注意收受礼品的礼仪

在接待活动中，外方人士经常有可能向接待人员赠送礼品。随着会展业务的国际化程度越来越高，收受礼品的礼仪也十分重要。在正常的业务交往中，接待人员在收受外方人士的礼品时，需要注意以下几方面的礼仪：

(1)接受大方

当有外方人士赠送礼品时，接待人员通常应当场予以接受。接待人员最得体的表现为：高高兴兴、落落大方地将外方人士所馈赠的礼品当场接受下来。具体的做法为：当面微笑，起身站立，先以双手接过礼品，随后与对方握手，并正式就此向对方表达自己由衷的谢意。

中国人历来讲求谦让，"无功不受禄"，一般要客套一番才能收下礼品。在这种场合下，若过分地推辞，加以躲闪，反而显得忸怩作态，过分客套，也会使送礼方陷入比较尴尬的境地。

(2)启封赞赏

在国外，特别是在许多西方国家，人们在接受礼品时，大都习惯于当场拆启礼品的外包装，将其取出仔细欣赏一番，而送礼方正好借此将礼品的性状、特征等做相应的说明；收礼方在对礼品加以了解的基础上，可适时对礼品进行合理的赞赏，并再次表达对送礼方诚挚的谢意。

而在中国，收礼方接受礼品后，一般不当面拆封，觉得不好意思。但在会展涉外接待中，接受外方人士所赠送的礼品时，接待人员若不当即将其启封，既不便于对方适时介绍礼品，也会被误解为对礼品完全不屑一顾，会使赠送者的自尊心和诚意受到伤害。因此，当场启封礼品并加以赞赏是受赠者接受礼品时必须遵循的一项重要礼节。

(3)拒绝有方

对于外方人士所赠送的礼品，原则上应大方接受。但这并非代表接待人员要照单全收、来者不拒。一般而言，属于要忌送的物品，接待人员都可当场合理地加以拒绝。特别要注意的是，接待人员不得接受外方人士赠予的违法、违禁、违规的物品，有辱我方国格、人格的物品，有伤风化、有悖社会公德的物品，有碍我方正常执行公务的物品，或有害于双方关系的物品。

在拒受外方的礼品时，接待人员不可态度强硬，而应阐明具体原因，做到有礼有节、不卑不亢。若发现对方确无恶意，则还须在拒受礼品的同时，向对方致以诚挚的感谢。

5)回谢到位

接受外方人士的礼品之后，要适时加以回谢，以进一步维系双方的关系。其一，可选择合适的机会回赠礼品，比如对方有喜庆活动，或节假日，或登门拜访、回访对方之时。选择的礼品在性质与档次上,大体上可与对方的礼品相近或相仿。其二,是在接受礼品后,尤其是在接受较为珍贵的礼品后,除了应当场向赠送者正式道谢之外,还可在事后再次郑重回谢。常规的做法是在一周内致信、发邮件或打电话再次感谢对方,亦可在此后再次与对方相见时,提及自己很喜欢对方所赠送的礼品。

若在收受礼品后,没有任何表示,送礼方会认为收礼人不喜欢礼品或不在意礼品,也会显得收礼人很没有礼貌,伤害了对方的诚意。

5.2.3 礼品派送的文化背景知识

礼品派送在不同区域因文化背景不一样,有不同的风俗和禁忌。比如,礼品的包装是赠送礼品的重要部分,包装礼品,既要量力而行,又要反对华而不实;进行包装时,既要讲究材料、包封、图像以及捆扎、包裹的具体方式,也要注意不同的文化背景。一般礼品包装纸和袋子最好选用纸制的,不用塑料的,以体现环保意识。包装纸应注意避免有玫瑰花、心形、圣诞花等特殊含义的图案或文字,送西方国家礼物忌用大红色包装纸。

同一种礼品在不同国家、不同地区、不同民族里,也往往会被赋予一些不同的寓意。有鉴于此,在接待活动中派送礼品时,要注意不同国家、不同地区、不同民族的文化背景知识。特别注意在赠送礼品时,绝对不能有悖于对方的风俗习惯。要解决好这一问题,就要了解受礼人所在区域的风俗习惯,主动回避对方可能存在的禁忌。

表5.2 部分国家和地区送礼习俗与送礼禁忌一览表

国 家	送礼习俗	送礼禁忌
美 国	1. 讲究实用性和奇特性的礼品 2. 喜欢有独特风格或民族特色的礼品 3. 要送单数,且讲究包装 比如:仿兵马俑	认为黑色不吉利,禁用黑色物品包装礼品
英 国	1. 送价钱不贵但有纪念意义的礼品,特别是有民族特色的民间工艺美术品 2. 高级巧克力、一两瓶名酒或鲜花也很受欢迎	1. 不欢迎高价格礼品,有受贿之嫌 2. 忌送印有公司标记的礼品 3. 忌送菊花和百合花

续表

国 家	送礼习俗	送礼禁忌
法 国	1. 崇尚艺术，喜欢艺术品 2. 喜欢有特色的仿古礼品	1. 忌送菊花、杜鹃花及黄色的花 2. 认为仙鹤寓意懒汉，忌带有仙鹤图案礼品 3. 忌送核桃，认为不吉祥
德 国	注重礼物的包装	1. 禁用白色、黑色或棕色物品包扎 2. 忌送尖锐的东西
俄罗斯	1. 送鲜花要送单数 2. 面包与盐招待贵客，表示友好和尊敬	忌送钱给别人，意味着施舍和侮辱
日 本	1. 喜欢名牌货 2. 用红色彩带包扎礼品，象征身体健康	1. 不要一次送4样或9样东西 2. 忌送梳子 3. 对装饰着狐狸和獾的东西很反感 4. 忌送菊花：菊花为皇室专用花 5. 不喜欢在礼品包装上系蝴蝶结
拉丁美洲国家	1. 喜欢美国生产的小型家用产品，比如厨房用具 2. 征税很高的物品极受欢迎，但不宜送奢侈品用具	1. 不能送剪刀，表示友情的完结 2. 不能把手帕做礼品，和眼泪相联
非洲国家	重视礼品的实用性	1. 不太讲究礼品的价值 2. 不宜送高档礼品
独联体国家	要送名牌，特别是西方名牌货 比如：LEVIS 牌牛仔裤、“万宝路”香烟	
阿拉伯国家	1. 精美华丽的礼物 2. 有“名”的东西 3. 智力玩具、糖果和工艺品	1. 不喜欢送酒类 2. 忌送描绘有动物图案的礼物 3. 忌送妇女图片及妇女形象雕塑品

本章小结

会展结束阶段,送别来宾和赠送礼品是主办方两项主要的工作。会展现场送别礼仪主要注重送别前准备和送别过程两个阶段的礼仪。机场、车站、码头送别礼仪要确定送别规格,提前抵达送别地点,最后在现场根据客人的不同身份进行送别。会展礼品派送时要注重礼品的赠送规则,重视礼品的选择,注意收受礼品的礼仪,并回谢到位。

实 训

实训项目一:模拟送别

实训目的:要求学生掌握会展结束阶段送别的礼仪要求,并针对不同的对象进行操练。

实训内容:会议马上要结束了,各位与会代表也纷纷要离开S市,全班每5~6位同学组成接待小组,进行模拟送别的训练。教师适时进行点评。

背景信息:

中国S市国际茶艺大会暨国际茶艺文化节圆满落幕。S市国际茶艺大会执委会在国贸宾馆举办了欢送宴会,市长林峰代表市委、市政府,再次感谢国际茶艺协会把本次大会放在S市举办,祝愿所有国际茶艺协会的会员国都能和平发展。

出席欢送宴会的外宾有国际茶艺协会主席利特先生等国际茶艺协会领导、世界各地的茶艺专家。市领导和部分老领导参加了宴请。宴会上,利特先生在致辞中说,本次大会的组织工作非常出色,从中可以看出中国这个会员国正在不断发展,不断壮大。他再次感谢已故前国际茶艺协会主席玛琳女士以及茶艺协会官员在过去8个月里对国际茶艺协会所做的贡献,再次感谢S市市委、市政府对国际茶艺大会的全力支持。

市委书记李强主持欢送宴会。市委常委、常务副市长邱长豪在欢送宴会上致辞,副市长袁庆祥向下一届会议主办国印度办理交接手续。国际茶艺协会与会各国代表和市政府纷纷互赠礼品。

讨论主题:本案例中,参会代表层次不一,有国际官员、世界专家、市委领导、老干部、各国代表和国内代表,送别场所也有区别,有在会议现场送别的,有到火车站送别的,有到机场送别的,有到下榻地点送别的,对此应该如何策划不同的送别方案?分组模拟表演并相互点评。

教师主要观测点:

1. 学生的合作状态和参与程度。

2. 学生是否能够根据不同的对象选择不同的送别场合,策划不同的送别方案。

实训项目二:会议礼品派送方案设计

实训目的:掌握会展结束阶段礼品赠送的礼仪要求,能针对不同对象进行运用操练。

实训内容:根据会议的主题和特点、主办地点、参会人员等信息分组讨论会议礼品派送方案。

背景信息:

为期5天的"文物与旅游"国际研讨会将于下周在中国西安市国际会议展览中心开幕,80位来自10多个国家和地区以及3个国际文化组织的国际官员,文物工作者和专家将参加此次会议,主管中国文物、旅游的领导和西安市政府领导也将出席会议并致辞。

此次会议的主题是探讨文化遗产在现代社会中所扮演的角色,尤其是文化遗产与旅游业的关系,以及寻求一个使两者平衡发展的策略。中国作为主办国,是世界上旅游业发展最快的国家之一,到2020年,中国可望成为世界第一大入境旅游接待国。中国文物古迹数量众多、特点鲜明在促进中国旅游业发展中起了很大的作用。据调查,海外旅游者中对中国文物古迹和民俗风情感兴趣的分别约占2/5和1/3。西安市也是文物资源非常丰富的一个城市。

文物和旅游分属两个不同范畴,此次会议将就如何正确处理和协调文物和旅游两者之间的关系进行深入的探讨,最重要的议题是对文物古迹本体和周边环境进行完善的保护。

讨论主题:本案例中,参会代表也来自不同的国家和地区,有国内外官员、市委领导、各国专家和代表,因此,会议礼品派送方案设计要体现不同的送礼规格、不同的场所和时机,当然选择或设计的礼品也要根据会议的主题,还有最好能起到宣传中国、宣传西安的效果,分组模拟表演并相互点评。

教师主要观测点:

1. 学生的合作状态和参与程度。

2. 学生是否能根据不同对象设计礼品方案,体现不同的送礼规格、不同的场所和时机。

复习思考题

1. 会展现场送别在礼仪方面有哪些注意点?
2. 有哪些来宾需要到机场、车站、码头进行送别?送别的礼仪有哪些要点?
3. 礼品的赠送规则有哪些?
4. 在选择礼品时,要从哪些方面着手?
5. 忌送的礼品有哪些?
6. 收受礼品时有哪些礼仪要求?

第6章
会展相关活动礼仪及训练

【本章导读】

本章主要介绍与会展活动相关的谈判、宴请及旅游等方面的礼仪规范，让会展从业人员了解会展与这些活动的重要关系，明确掌握并运用相关活动的礼仪规范的重要性。通过训练及实训环节，提高会展从业人员的实际操作能力，为今后从事会展活动各环节的工作打下良好的基础。

【关键词汇】

会展谈判　会展宴请　会展旅游

6.1 会展谈判礼仪规范

会展谈判是围绕会展活动而展开的商洽活动，在会展活动的前期准备工作中，会议主办方、展览主办方为了组织会展活动并达成某种协议，需要与各方进行谈判、签订合同来约定双方的权利和义务，以便让会展活动顺利进行。如：与参展商进行谈判并签订参展合同；与场馆方谈判并签订租赁合同；与专业公司谈判并签订搭建承揽合同、外包服务及工程项目合同等。

谈判是一项复杂的工作，而细节却往往决定成败，很多时候谈判的失败就在于礼仪的缺位。在谈判中，懂得并掌握必要的谈判礼仪与礼节是谈判人员必须具备的基本素质。无论面对怎样的谈判对手，都应当遵守相互尊重、友好和蔼、积极合作、平等互惠的礼仪原则，遵循国际礼仪惯例，尊重对方是谈判的成功之道。如果违背了谈判礼仪，势必造成许多不必要的麻烦，甚至会难以达成协议，无法继续合同的签订活动。可见，谈判中的礼仪对谈判的成功与否起着举足轻重的作用，会展谈判人员应当了解并熟练使用谈判礼仪，确保谈判双方能在友好的氛围下展开合作，达成共赢。

6.1.1 谈判前的准备礼仪

谈判前的准备工作对谈判结果有着直接的影响。为了表示对谈判活动的重视、对工作的认真负责以及对谈判对象的尊重之意，谈判前应做好相应的准备工作，主要包括：了解谈判对象的情况；注重谈判人员的仪表；布置谈判场所；安排谈判座次等。

1）了解谈判对象情况

孙子说：“知己知彼，百战百胜。”谈判前，应全面了解谈判对象的基本情况作为谈判的基础，如：谈判对象的公司资历、业务实力；谈判对方派出的谈判代表身份、职务、特点等个人情况，既能为即将进行的谈判做好准备，又能在谈判过程中让对方感受到对他的重视和尊重。此外，谈判前还应对谈判主题、内容、议程做好充分准备，制订好计划、目标及谈判主题，使谈判顺利进行。

2)组建高素质的谈判团队

谈判涉及的因素广泛而复杂,组建一个高素质谈判团队十分重要。如:应有熟练地掌握所需语种的人员;熟悉我国的方针政策、法律法规的人员;掌握商务谈判过程中可能涉及的各种专业技术知识的人员;具有一定的政治、心理素质和策略水平,并善于机动灵活地处理谈判过程中出现的各种问题的人员等。

3)注重谈判人员的仪表

在谈判场合,谈判人员即为谈判双方的形象代言人,注重谈判人员的形象是对谈判活动郑重对待的一种表现。因此,谈判人员的形象设计应为专业、端庄,与身份、职业、职位相协调,体现良好的专业素质及个人素质,也体现对谈判对象的尊重。谈判前应整理好自己的仪容仪表,穿着要正式、庄重而整洁。据心理学家分析,深色西服最具有说服力,也是最能体现自信形象的着装。因此,男士应理发、剃须,保持干净整洁的形象;穿着深色西服,同色系或白色的衬衣,选用素色或条纹领带,配深色袜子和黑色皮鞋,显得稳重大方,切忌穿着不规范的休闲装和运动套装。女士也应显示出职业、端庄的一面,穿着深色西服套裙,配肉色长统丝袜,高跟鞋或半高跟鞋,宜化淡妆,切忌穿着花哨艳丽的服装,与着装的“TPO”原则相违背。此外,谈判人员对于公文包、手提电脑、笔记本、手表、手机等细节也不可忽视,这些物品都能从细微的方面影响对手对你风格的认识。

4)布置谈判场所

布置谈判会场时宜采用长方形或圆形谈判桌。双方洽谈多用长方形或椭圆形的桌子。多边洽谈一般采用圆桌的形式,以淡化尊卑界限。谈判场所应安静优雅、清洁舒适,并可适当地加以布置,如:在谈判现场,墙上可悬挂山水、风景画或挂毯作为装饰,还可放置一些绿色植物或盆花点缀谈判现场的环境,让谈判双方在气氛和谐的环境中进行谈判,可以在一定程度上利于双方的合作及谈判的成功。

5)安排谈判座次

正式谈判现场的座次安排应严格遵循国际惯例:以右为尊,右高左低。通常宾主相对而坐,各占一边。双方的主谈人是洽谈中的主宾和主人。主宾和主人居中相对而坐,其余人员按照职务高低、右高左低的礼仪规范自近而远分别在主谈人两侧就坐。如需要翻译人员,则安排在仅次于主谈人的位置(即主谈人的右侧座位)就座。谈判桌的摆放一般分横式和竖式两种。

横式即谈判桌横对正门,面门为上座,应安排给客方,主方应当背门而坐,如图6.1所示。

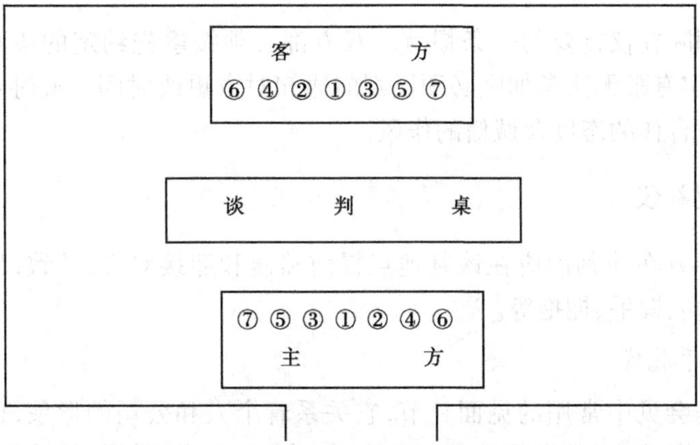

图6.1 横式谈判位次排列

竖式即谈判桌纵对正门,以进门的方向为准,右为上座,应安排给客方,主方坐左侧,如图6.2所示。

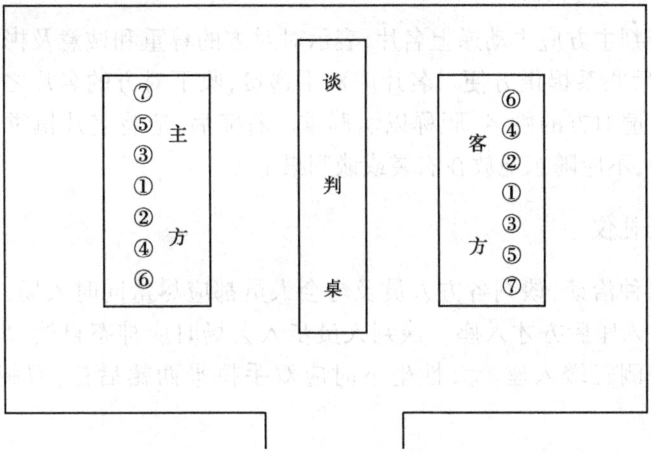

图6.2 竖式谈判位次排列

座位安排属于重要的礼节,来不得半点马虎。为了避免因出错而失礼或导致尴尬局面,在座位安排妥当后,在每个位置前可安排一个名签以便识别。引座人员加以引导也是得体和适当的。

6.1.2 谈判现场礼仪

1）遵时守约

这是国际礼仪首要的一条惯例。双方都必须按事先约定的谈判时间准时赴约，如确实有事无法参加则必须谈判前通知对方更改时间。遵时守约能很好地表现真诚合作的态度及诚信的作风。

2）迎见礼仪

谈判主方在谈判前应在谈判地点提前恭候和迎接对方，并致以见面礼仪，如微笑、问候、握手、拥抱等。

（1）握手礼仪

握手是会见中常用的见面礼节，它关系着个人和公司的形象，也影响到谈判的成功。因此，应掌握握手的正确方式、次序、力度、时间、禁忌等，避免不礼貌的握手方式。如为初次见面，双方在一步之距时即可以握手表示礼貌与问候，握手时可遵循先尊后卑的原则，握手之后应立即递上名片。

（2）名片递送礼仪

身为谈判主方应主动递上名片，表示对对方的尊重和诚意及彬彬有礼的风度，也为日后联系提供方便。名片应双手递接，收下对方的名片之后，应认真、仔细地看一遍对方的姓名、职称以示尊重。看完后，应将名片慎重地放进皮夹或名片夹中，不应随意地放在衣袋或谈判桌上。

3）入场礼仪

无论何种洽谈，谈判各方人员及与会人员都应尽量同时入场，主方人员应待客方人员入座后方才入座。谈判人员步入会场时应神态自然、步子稳健，应从椅子的左侧轻缓入座。女性坐下时应双手捋平西裙后摆，双腿并拢，轻缓入座。

4）介绍礼仪

谈判双方接触时的第一印象十分重要。谈判之初可通过谈判双方人员进行正式介绍，以相互了解和认识。做自我介绍时要自然大方，不可露傲慢之意。介绍时，注重自我介绍的几个要素：姓名、单位、部门和职务。替他人介绍时，应遵循礼仪规范，按先卑后尊的原则进行介绍，被介绍到的人应起立或点头微笑示意并礼貌回应。介绍完毕，不必急于切入正题，可选择双方共同感兴趣的话题进行交谈，稍做寒暄，以沟通感情，创造良好的谈判氛围。

5）表情礼仪

谈判时，两眼应注视对方，目光应停留于对方双眼至前额的三角区域正方，让对方感受到被关注，感受到诚恳、严肃之意。谈判中要认真倾听对方谈话，细心观察对方举止表情，并适当给予回应，这样既可了解对方意图，又可表现出尊重与礼貌。谈判时还可运用微笑这种谈判人员常用的一种策略与技巧，微笑能缓和谈判的氛围，表现出对谈判的热情和接受，在轻松的氛围中进行谈判能更好地促进谈判活动的顺利进行，有助于赢得对手的尊重和好感。

6）姿态礼仪

姿态动作对把握谈判气氛起着很大作用，谈判中的体态语能传递很多信息，也可以通过必要的姿态来表达思想和观点。坐姿应端正、文雅，显示出对谈判对方的尊重；切忌用手支撑脑袋或东倒西歪，显露出倦怠之感；也忌将双臂在胸前交叉，显出傲慢、防备之感；忌摆弄本子、笔等小物件，表明精力不集中，对话题不感兴趣之意。手掌应自然、放松地交叠，可置于桌上，表现出乐于倾听、开诚布公之意。身体可前倾或坐在椅子的前边缘，表现对谈判的兴趣；身体不能向后仰靠在椅背上，显示不信任、不愿深谈之感。手势自然，手心朝下，且不宜乱用，以免造成轻浮之感。

7）语言礼仪

谈判的过程，就是双方洽谈的过程。谈判的语言是谈判的关键，它能充分反映和体现一个人的能力、修养和素质。而任何洽谈，都有一定的礼仪。要想洽谈成功，就必须遵守洽谈的语言礼仪。

谈判语言要做到既恰当又礼貌。恰当，就是根据谈判需要，该明确时明确，该模糊时模糊，语言使用得体。礼貌，就是言语、动作谦虚恭敬。谈判用语要文明礼貌、准确明白、论证有力、条理清晰、表达严密、简洁而重点突出、文雅中听。粗暴无礼的语言，有伤他人自尊的语言，埋怨、责骂、挖苦、自夸的语言，容易引起误解的语句都要尽量避免使用。

此外，提问时应采用谦虚与和蔼的态度，言谈应把握好洽谈的语气、声调、语速，尽可能营造出友好、轻松的谈判气氛。如：谈判语气应注重平稳；谈判的语速应以中速为宜;谈判的声调应自信而坚定。另外,谈判时还应注重倾听,不能随意打断对方的发言,尊重对方。

6.1.3 谈判后的签约礼仪

签约,就是合同的签署。签约仪式是谈判过程的最后阶段。礼仪不到位很可能使谈判功亏一篑。因此,掌握签约仪式的礼仪规范十分重要。

1)文本的准备

签约仪式前,应组织专业人员做好各种文本的准备工作:包括定稿、翻译、校对、装订等。

2)物品的准备

签字仪式使用的钢笔、吸水纸、国旗等物品需要事先准备齐全和妥当。

3)场所的准备

签约仪式的场所应符合一定的礼仪规范。悬挂、摆放双方国旗时,以右为上,左为下;两国国旗并挂或并排时以旗本身的面向为准,右挂客方国旗,左挂本国国旗。

4)人员的准备

正式参加签约礼仪的人员一般为双方参加谈判的全体人员,各方参加仪式的人数应大致相当,为了表示签约仪式的正式和庄重,还可邀请主方或双方的高层人士出席仪式。

5)待签合同文本的准备

在正式签署合同前,应由举行签字仪式的主方负责准备待签合同的正式文本,即正式、不再进行任何更改的标准文本。按常规,应为在合同上正式签字的有关各方各提供一份待签的合同文本。

6)入场礼仪

双方共同进入会场,相互握手致意,分立在各自代表签约人外侧,其余人排列站立在各自代表的身后。

7)签字礼仪

签字仪式开始后,双方代表先在己方文本上签字,然后由助签人员交换,签约人再在对方文本上签字。

8)结束礼仪

签字完毕后,双方代表应同时起立,交换文本,并相互握手,祝贺合作成功。其他随行人员则应报以热烈的掌声,可以安排香槟酒添加喜悦和祝贺气氛,最后还应在签约厅合影留念。签字仪式结束后,应让双方最高领导及宾客先退场。

除了上述礼仪规范以外,谈判中也应根据谈判对象的不同而采取相应的技巧和方法,根据谈判对象的国别不同采用各有特点的谈判礼仪。

6.2 会展宴请礼仪规范

会展宴请是一种隆重、正式的餐饮活动,也是会展活动中不可或缺的一种沟通和交流的方式。它能搭建起会展组织者与会展参与者之间、会展工作人员与会展参与者之间、会展参与者与观众之间及会展参与者相互之间沟通感情、交流信息、贸易合作的桥梁,能起到表达欢迎之意、感谢之情、渲染喜庆气氛及合作意向的重要作用。会议通常统一安排与会者的餐饮活动,每次展会也同样需要举行招待酒会,宴请特邀嘉宾及重要的展商、客商。因此,会展与宴请活动有着密切的联系,会展宴请活动应当遵守相关的礼仪规范。

6.2.1 宴请的种类

宴请活动根据不同的划分标准,可分为以下不同的种类:

按宴请时间分为早餐、中餐和晚宴。这3种宴请形式的正式程度有所不同:早餐最为简便;中餐因时间有限,因此也比较简便,以工作餐的形式较为常见;晚宴由于时间比较宽裕,故一般较为隆重而正式。

按宴请的形式分为正式宴会、招待会和工作餐等。这几种方式在会展活动中较为常见。正式宴会一般场合较正式,礼仪程序规范,气氛较隆重。招待会是指不安排座次,不备正餐,只备一些食物、饮料,形式较自由的宴请方式。如:

冷餐会、茶话会、自助餐和酒会等。工作餐与正式宴会有所不同,是一种比较灵活、比较常用的商务宴请及交际的方式。工作餐一般持续时间比较短,多在午餐时间进行,可以通过会餐时间与客户洽谈工作、沟通感情等。

按宴请的菜式分为中餐和西餐。采用哪种菜式宴请宾客可根据会展活动具体涉及人员及地区、宴请等级进行选择。

以下着重介绍中餐、西餐和自助餐3种常见宴请形式的礼仪规范。

6.2.2 中餐礼仪规范

1) 中餐的定义及特色

中餐是指宴请时的菜点饮品以中式菜品和中国酒水为主,使用中国餐具,并按中式服务程序和礼仪服务。

俗话说"民以食为天",中国人的传统饮食习俗是以植物性食料为主;以热食、熟食为主;在食具方面,中国人的饮食习俗的一大特点是使用筷子;在饮食方式上,中国人的特点就是聚食制,而且常用圆桌,体现了团圆、喜庆的寓意。可见,中餐体现了中华民族传统的文化气息及中国饮食文化的内涵,其就餐环境与气氛突出了浓郁的民族特色,是我国目前最常见的宴请类型。

2) 中餐准备礼仪

一次成功的宴请活动必须要经过周密的准备,才能更好地达到宴请的效果,并给参加宴会的人员留下深刻的印象。一般会议会统一安排就餐,展会针对重要客户及特邀嘉宾应开展相应的宴请活动。宴请的准备需要注重宴请的名义、宴请的对象及人数、宴请的时间、宴请的场所及邀请函的发放等环节。此外,还需要注意以下事项:

(1) 中餐桌次排列礼仪

当宴请为多桌宴请时,需要根据桌次排列的礼仪要求来安排桌次。

按照国际惯例,中餐座次排列的礼仪原则为:居中为上,以远为上,以右为上的原则,即:居中为主桌,居右为主桌,远门为主桌。桌次的高低也由离主桌位置远近而定:近为高,远为低;平行者以右为高,如图6.3、图6.4、图6.5所示。

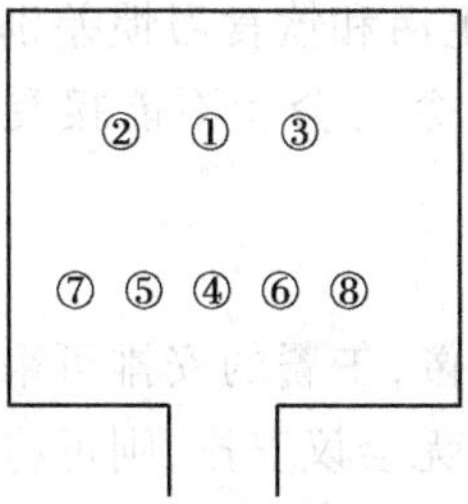

图6.3 中餐桌次排列一

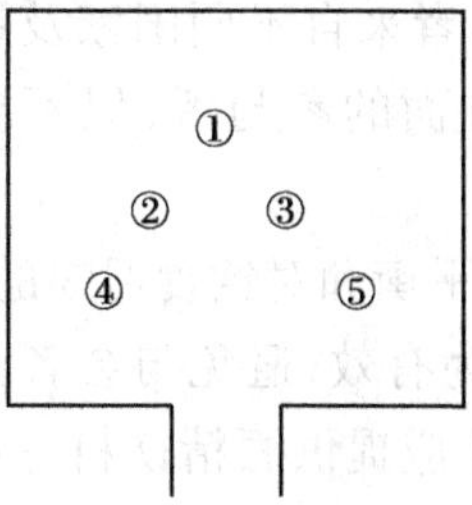

图6.4 中餐桌次排列二

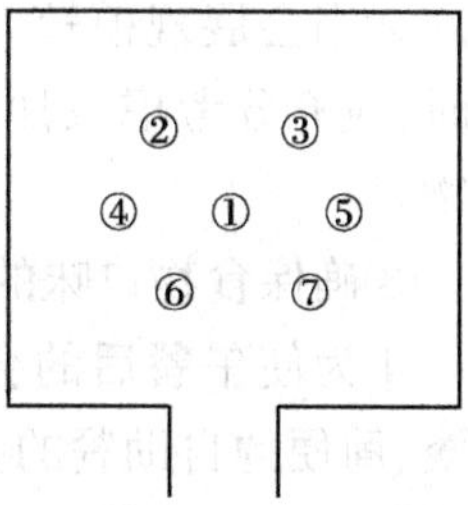

图6.5 中餐桌次排列三

(2)中餐座次排列礼仪

按照国际惯例,中餐的座次排列礼仪原则为:以右为上,面门为上。正式的宴请一般都需要安排席位。大型宴会一般会将宾客的位次印在请帖上,由礼宾人员引领入席。宴会位次也可根据实际情况再做具体安排。主方的陪客应尽量安排插坐在客人之间,以便与客人进行交谈与交流,避免本方的人坐在一起。翻译应按国际惯例安排在主宾的右侧,便于翻译,如图6.6所示。

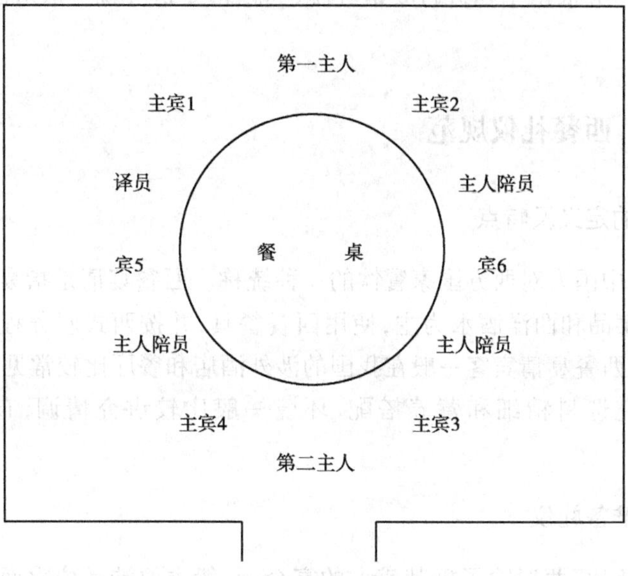

图6.6 中餐座次排列

(3)菜单设计及安排

①国际性会展的参与者并不希望在会议举办国吃到自己国家的菜式,因此,应当选择一些富有当地特色的菜肴及饭店。

②当会展规模较大,参与者来自不同国家及地区,生活和饮食习惯差别较大时,应充分考虑及照顾各方面的参与者,但不要提供令与会者不能接受的食物。

③确保食物口味的协调、平衡和对饮食习惯的尊重。

④为使午餐后的会议更为有效,避免与会者会间疲倦,午餐的安排可采用清淡、简便的自助餐的方式,不应提供酒精饮料。如晚间无会议安排,则可将丰盛精致的菜肴安排在晚宴。

⑤如果会展活动规模大,用餐人数多,菜单应考虑烹调时间、菜肴保温和服务保温时间。

(4)卫生准备

宴请活动应注重餐厅、餐具的卫生、消毒情况,不能让就餐者出现健康问题。

(5)环境准备

宴请活动应根据主题进行宴请环境的布置,宴请环境一般应隆重、喜庆而有序。

6.2.3 西餐礼仪规范

1)西餐的定义及特点

西餐,是中国人对西方国家餐饮的一种统称。西餐宴请是指宴请时的菜点饮品以西餐菜品和西洋酒水为主,使用西餐餐具,并按西式服务程序和礼仪服务。目前,用西餐宴请宾客一般在我国的涉外酒店和餐厅比较常见。

西餐讲究选料精细和营养搭配,环境一般比较讲究情调,布局较别致、高雅。

2)西餐准备礼仪

与中餐相比,西餐除了极其盛大的宴会,一般主要涉及位次而非桌次的问题。其位次排列也是依据国际礼仪惯例,以女士优先、以右为尊、以近为上、面门为上,以男女交叉排列的礼仪原则为座次的排列原则。

(1)西餐的座次排列礼仪

西餐最常用的是长桌,一般男女主人在长桌的中央或两端相对而坐,男主宾坐在女主人右侧,女主宾坐在男主人右侧,按此原则,男女交叉依次排列,如图6.7所示。

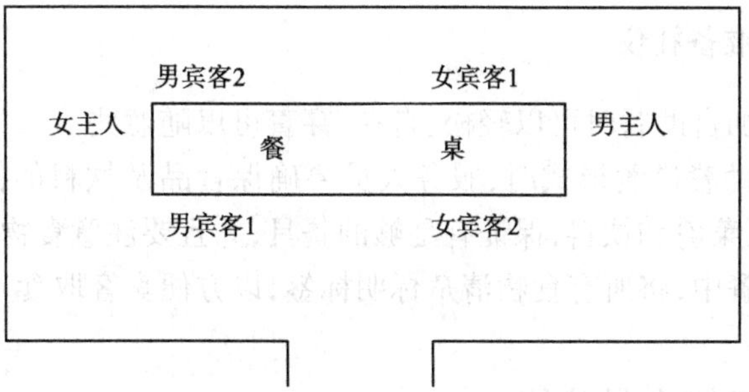

图6.7 西餐的座次排列

(2)餐具使用及摆放

西餐桌上的餐具很多,每吃一种食物都要用特定的餐具,中国人用西餐是学习西方文化的一个组成部分,当你在享受西餐雅致的就餐氛围时,举止更要正确得体,进餐有条有"礼"。

①西餐餐具主要有刀、叉、匙、盘、碟、杯等。餐具的摆放是根据上菜先后顺序从外到内摆放。有的菜用过后,会撤掉一部分刀叉。

②左手拿叉,右手拿刀,刀叉放的方向和位置都有讲究,刀叉放在垫盘上呈八字形。刀口朝内、叉尖向下就表示你还要继续用餐;刀叉平行摆放在垫盘上,刀口向外、叉尖向上则表示你不再用餐。汤勺横放在汤盘内,匙心向上,也表示用汤餐具可以拿走。

③餐巾可以用来擦嘴或擦手,拭擦时脸孔朝下,以餐巾的一角轻按几下。不要用餐巾擦拭餐具、桌子,不要用餐巾擦眼镜、抹汗,否则会有看不起主人家之意。

6.2.4 自助餐礼仪规范

1)自助餐定义及特点

自助餐起源于西方,英文为"Buffet",原意是冷餐会、酒会,是指自己到餐台上自选、自取食品及饮料的吃法。自助餐可选择的菜品少则五六十种,多则上百种,选择余地较大,而且对就餐时间一般没有明确限制,人们省略许多点菜、配菜的麻烦。因此,自助餐以取食自由、菜品多样、荤素搭配、营养均衡、时间不限等特点,现今成为一种比较受人们喜爱并流行的餐饮活动。现在不少会展活动期间,无论是会议餐还是招待会,或是大型宴请,往往会采用自助餐的形式。

2)自助餐准备礼仪

①人们参加自助餐时可以轻松、自在,穿着可以随意些。

②采用自助餐进餐形式时,服务人员要确保食品及饮料的持续供应,做到及时添加点心、菜肴和饮料,保证有足够的餐具,并且要注意食物的保温。

③在自助餐中,将所有食物清楚标明标签,以方便宾客取食。

6.2.5 赴宴人员礼仪

出席正式的宴会,应遵循宴请相关的礼仪规范,树立良好的自我形象。

①接受他人邀请及宴请的请柬时,应尽快答复,这是最起码的礼节,特别是定了席位的宴会,如不及早告知你将缺席,主办方来不及补充人员,造成席位的空缺,既不礼貌,又很浪费。一般可采用电话答复,简单快捷。用书信、电邮的形式,婉转地说明一下不能出席的理由则更好。

②赴宴人员的着装应注重高雅、整洁,表示对宴会邀请者的尊重。中餐赴宴人员的着装可根据宴请的性质确定着装的风格。着装可时尚个性,或者盛装出席宴请。西餐赴宴人员可着礼服出席,男士要穿着整洁的上衣和皮鞋,必须打领带;女士要穿套装和有跟的鞋子。进餐前应注意修剪双手指甲,干净整齐。

③赴宴人员应根据邀请准时到达宴会举办地点赴宴,既表示对宴会的重视,也表示对邀请方的尊重。

④赴宴人员进入餐厅后,不可贸然入位,应看清桌次和位次或由接待人员引导入座。最得体的入座方式是从左侧入座。当椅子被拉开后,身体在几乎要碰到桌子的距离站直,领位者会把椅子推进来,腿弯碰到后面的椅子时,就可以坐下来。

⑤进餐过程中,不要解开纽扣或当众脱衣,如室内温度较高需要脱掉外衣时,可将外衣脱下搭在椅背上,不要将外衣或随身携带的物品放在餐台上。

⑥赴宴人员进餐结束后,应对邀请方表示感谢,并对菜肴表示满意后,方可礼貌告别。

6.2.6 宴会进行时的礼仪

宴会主办方应在宴会举行地点的大厅门口迎接宾客,如为大型宴会,应在请柬上标明席次,重要嘉宾都应有接待人员引领入座。当宾客陆续到达后,宴会要及时开席。宴会主办方应体现出热情,保持宴会的热烈气氛。在宴会举行过程中,应注重以下礼仪环节:

1)宴会致辞

宴会开始,主办方领导或代表应站立向全体宾客敬酒,并致以简短的祝酒词,也可邀请嘉宾致辞或即兴讲话。

2)席间敬酒

主办方领导或代表在宴会开始后,应在席间对参加会展活动的相关宾客、展商或参观团、工作人员、志愿者代表等敬酒,表达感谢、祝愿之意。

3)热情交谈

席间,各方人员可以热情交谈对会展活动的感受、收获及建议等,都可以进行交流,以便更好地沟通,为下一次活动提出宝贵的意见。

4)适时结束

宴会的举行时间不宜过长,在宾客们用餐基本完毕后,宴会应适时结束。

5)礼貌话别

宴会结束后,主办方代表可在宴会厅门口与宾客礼貌道别,主宾双方均可借机互道谢意。

6.2.7 赴宴人员进餐礼仪

1)中餐

就餐时,咀嚼、喝汤时不应发出声响。中餐的餐具以筷子为主,在就餐时应注意筷子的使用卫生,一般不用自己的筷子为他人夹菜。需要时可让服务生使用公用筷子及勺子为客人夹菜。

2)西餐

用餐时,坐姿端正,背挺直,脖子伸长;把食物送入口中时,每次不宜过多;

咀嚼时,应合拢嘴巴,不应发出咀嚼的声响;咀嚼食物时,不应谈话;与客人交谈时,音量适中,切忌大声喧哗。

3)自助餐

取餐前,应准备好自己的餐具和食盘,取菜时用公用的餐具将食物放入自己的食盘内,不能用私人的餐具取菜;应遵循先看再取、多次少取、只取自己的食物等原则,避免浪费;不能将自助餐打包。

6.2.8 餐饮禁忌

宴请活动虽然普通,但十分重要。尤其在涉外交往中,宴请外宾时,如果对用餐的问题考虑不周,就会令对方产生不满,对会展活动造成不良的印象及国际影响。因此,需要在菜单的选定、就餐的方式、宴会的位次、用餐的环境等方面加以注意,并在宴请外国友人时,不安排触犯个人禁忌、民族禁忌和宗教禁忌的菜肴。

6.3 参观游览礼仪

会展中途或结束后,主办方一般会安排来自外国或外地的与会者进行旅游观光。参观游览活动应该结合实际情况来安排,选择有针对性、代表性的观光、参观项目。对于与会嘉宾提出的要求,只要条件允许,主办方应该尽可能予以满足。如果确实不能安排的,应该委婉地向嘉宾解释清楚,争取谅解。

会议中安排的参观游览根据活动的目的可以分为商务考察和会展旅游两种情况。本节将就两种情况分别讲解有关的礼仪知识。

6.3.1 商务考察礼仪

商务考察一般是由主办方做出安排,组织与会者(或是参展商)对相关行业、企业进行考察,突出公务、商务目的,淡化娱乐休闲目的。

1)项目安排

选定商务考察项目应该根据考察的目的、参观时间和季节等因素选择有针对性的考察对象,同时充分尊重考察者的意愿和兴趣。一般情况下,主办方提出参观考察方案,提前告知有关人员。对于重要的、身份极高的与会嘉宾还需提前征求其意见。

2)制订考察日程

为了确保考察顺利,主办方提前制订一个详细的计划或日程安排,内容应该包括目标、路线、日程、时间、车辆等细节问题。制作会议专用的文字图案标贴,贴在车辆外观、参观点路标等处使用,强化会议的品牌效应,增加与会嘉宾的尊荣感。

3)接待参观礼仪

接待单位(即被考察对象)应该事先准备好相应语种的中外文对照的介绍资料。介绍材料力求简明扼要、实事求是。如果是接待具有较高规格的外宾参观,应该在被参观企业或其他单位适当的地方,挂起参观客人国家的国旗和我国的国旗。悬挂国旗是非常严肃的事情,除遵照第3章中提及的有关国旗的礼仪规范,工作人员还应注意以下事项:

(1)制旗规范整洁

国旗旗面完好、整洁,图案、颜色、式样、比例符合各个国家的法律规定。

(2)悬挂国旗时右为上,左为下

两国国旗并挂时,应以旗本身面向为准,右挂客方国旗,左挂主方国旗。在汽车上挂国旗,以汽车行进方向为准,司机右手为客方,左手为主方。

(3)国旗不得倒挂、反挂

一个国家的国旗由于文字、图案等原因,不能倒挂、反挂。因此,悬挂国旗要正面面向观众,不用反面。如果是挂在墙面上,要避免交叉挂或竖挂。

4)陪同讲解礼仪

由于是商务考察,因此,导游人员不宜太多,应该选择少量的高素质导游从事接待工作。按照国际交往礼节,考察期间还应有身份相当的陪同人员同行,接待单位也应有专门的接待人员出面陪同,负责解说、翻译。陪同人员、导游人员应该走在参观者的左前方,上下楼梯时尽量靠扶手走,让参观者靠墙走。

讲解介绍中,无论是接待人员还是导游人员,在介绍情况时都应该实事求是,不得故意夸大或贬低参观单位。其次介绍时应该掌握讲解的时间和节奏,不能占用所有参观时间来讲解,应该给客人自行参观的时间。讲解节奏不能太快,避免给人留下仓促匆忙的印象。第三,讲解内容深浅适度,保证考察者有兴趣听、能听懂、能理解。第四,还应注意保密要求。有些涉及技术机密、安全机密的内容在参观项目和讲解中应该回避。对可能涉及的保密问题,陪同人员应该事先有所准备,巧妙回答,不能临时抱佛脚,出现应答失误或是时间耽搁。不能轻易向外宾表态赠送产品、资料等物品。第五,陪同人员和导游应该及时向参观者说明参观中的注意事项,如是否允许拍照、是否允许参观等,避免引起误会。

6.3.2 会展旅游礼仪

会展旅游是指在会展结束后安排的专门的旅游活动,以休闲游乐、情感交流目的为主。会展旅游以短线旅游为主,游览目的地距会展举办地 500 km 以内,游览时间不会超过 48 h(多数会安排在 24 h 以内)。个别会展活动也会安排旅程超过 1 000 km、游览时间超过 1 周的旅游活动。会展旅游可以由主办方自行组织,也可以由中介公司或是专业旅行社来组织。事实上由旅行社来组织会展旅游更为合理,因为旅行社将会提供线路咨询、线路包价购买、导游、景点票务、车辆、住宿、餐饮安排、旅游保险、异地返程票务等一系列服务。这里以职业导游为例说明会展旅游活动中应该注意的礼仪规范。

1)仪表礼仪

导游员的仪表礼仪不仅代表个人形象,还代表地区、行业、国家形象,因此,应该讲究仪容仪表,保持良好的精神状态。

(1)服饰

①色彩。色彩在着装效果中居于首位。无论是选择单色还是花色,都应该以适应流行趋势和个体特征为原则。色彩本身没有美丑之分,重要的是色彩的搭配,因此,导游员要结合个人的体型、肤色、性格、工作任务慎重选择恰当的色彩加以组合搭配。总体上看,导游员的服饰色彩应该简洁雅致、清新自然。

②款式。款式是对服饰裁剪提出的要求。服饰款式应该符合导游员的文化底蕴,体现旅游目的地的地方特色、民族特色、文化特色。导游员可以根据自己的气质、外貌等条件选择合适的款式,利用视觉错觉弥补或改变体型上的某些弱点,充分展示服饰的款式美。同时导游员还应注意选择与活动内容(如登山、游湖、宴会招待等)相适应的款式。再美的服装款式如果选错了着装的场合都会显得不伦不类,徒增笑柄而已。

③文明美。文明美是对导游员内在品行的要求。“佛要金装，人要衣装”，但良好衣着的展示少不了着装人言行举止的搭配，这就要求内在道德品行要和外在衣着打扮相一致，内在道德品行是外在衣着打扮的灵魂支撑。

④个性美。个性美要求服饰能够展示个体与众不同的个性特征，或开朗活泼，或文雅娟秀，或成熟稳重，或温文尔雅。只有富有个性美的服饰才能装点出万紫千红、千姿百态的社会风景。

(2)举止

举止包括静态举止和动态举止两个方面。俗话说：“站如松，坐如钟，卧如弓，行如风。”前面三项描述的是静态美，最后一项描述的是动态美。从内容来看，举止美体现在精神面貌、仪表仪态、待人接物3个方面，具体来讲就是要精神抖擞、落落大方、彬彬有礼。导游员的一举一动都会影响到旅游者的情绪，一个举止优美的导游员会令旅游者在整个游览过程中身心愉悦、如沐春风。

(3)气质美

气质是指人相对稳定的个性特征、风格以及气度，体现的是人的文化水准、文明水准，是内在人格魅力的外在体现。导游员培养气质美首先要求内心世界丰富，树立人生理想。因为理想是人生的动力和目标，没有理想和追求，内心空虚贫乏，是谈不上气质美的。其次要求品德高尚，为人诚恳，心地善良。第三要不断提高文化程度，以良好的文化素养来支撑优雅的气质。第四要求具有良好的人生态度，胸襟开阔，内心坦然。

(4)语言美

语言是生活的艺术，语言应用包括基础层、礼貌层和智慧层3个层次。所谓基础层是指能把事情说清楚，把自己的意思表达出来，这是大多数人都具备的能力。礼貌层比基础层要求高一点，就是要求会恰当地使用礼貌用语。智慧层是最高层次，乃是依靠渊博知识支撑的一个层次。这个层次的内容是多方面的，包括信息丰富、幽默智慧、妙语连珠等。导游员应该让自己的语言达到智慧层。亲切、幽默、睿智的语言能传递美好的旅游审美信息，驱赶舟车劳顿所带来的不快情绪，营造温馨活跃的气氛，激发兴奋高亢的游兴。

2)待客礼仪

导游在引导会展旅游时应该展现出良好的职业道德、爱国热情和民族自豪感，友好地对待所有的旅游者，不分国籍、不分民族、不分肤色，体现中国“有朋自远方来，不亦乐乎”的美德。

3)协商礼仪

(1)根据双赢原则处理客我关系

导游员应该以双赢原则为指导来处理客我关系。旅游者是"消费者"、"接受服务者",导游员是"工作者"、"提供服务者"。当旅游者因为获得优质服务而成为胜利者时,导游员也因为成功扮演了自己的角色而成为胜利者,导游员所付出的代价自然会有相应的渠道加以补偿。本着双赢思想与旅游者交往,导游员可以卸下"低人一等"的思想包袱,豁达、大度地处理客我关系。所谓"客人永远是对的"并不是一个判断,而是一个口号,其实质在于告诫旅游服务人员不能简单地与旅游者争输赢。只要能够妥善解决问题,在原则上分清是非。导游员宁可将"对"留给旅游者。"客人永远是对的"并不等同于"服务人员总是错的",只不过是服务人员在处理客我关系时将"对"善意地留给客人。

(2)与旅游者建立起"伙伴关系"

旅游活动中,旅游者不仅是导游员的服务对象,也是合作伙伴,只有旅游者通力合作,旅游活动才能顺利进行并达到预期的良好效果。为了获得旅游者的理解与合作,导游员需要设法与旅游者建立正常的伙伴关系。建立"伙伴关系",首先要在客、导之间建立起正常的情感关系。导游员诚恳的态度、热情周到的服务、谦虚谨慎的作风、让旅游者获得自我成就感的做法会得到旅游者的认可,有助于建立感情。当然,客、导之间的情感关系应是合乎道德的、正常理智的,绝不是无原则的低级趣味。而且导游员应与每一位旅游者建立情感关系,与所有旅游者保持同等距离,对他们一视同仁,切忌亲近某些人而冷落另一些人。

(3)与工作伙伴建立良好的合作关系

会展旅游中导游员除了要与全陪(或地陪)之间建立合作关系以外,还应该与主办方派出的陪同人员多联系、多沟通,帮助工作伙伴解决实际问题和困难,遇事站在他人的立场上考虑问题,提出周到的解决方案,抱着征求意见、协商的态度来解决问题将有助于在整个旅游过程中创造合作的氛围。

当然这种合作必须以各方正当利益不受侵犯为标准,只有这样才可以保证旅游活动顺利进行。

(4)引导旅游礼仪

引导旅游活动不仅要熟悉和善于运用导游技巧,还应该讲究礼仪规范,这样才能达到预期目的。

①树立良好的第一印象。导游从第一次接触旅游者起，就应该注意自己的仪表风度、言谈举止。谈吐文雅、态度热情、办事稳重的导游员可以给人留下美好的第一印象。

②工作走在前面。导游员要时刻严格要求自己，主动完成工作。例如应该提前到达集合地点、提前订餐、提前与大家协商等，给人留下工作有条不紊的印象。

③端正讲解姿态。导游在讲解中应该姿态端正、引导手势规范、落落大方，目光要巡视全体旅游者，面部表情要求柔和，让人有如沐春风的感觉。

本章小结

本章介绍的谈判礼仪、宴请礼仪及游览活动礼仪是会展活动过程中不可或缺、贯穿会展活动前后的几项重要的活动。通过本章的学习，会展从业人员应在谈判、宴请及导游接待等准备、现场及结束等环节注重相应的礼仪规范，并运用到实际工作中，针对问题予以纠正，为会展活动增光添彩，为提供会展主办方与客商的进一步合作打下良好的基础。

实 训

实训项目一：模拟谈判会场

实训目的：

1. 将谈判礼仪的理论知识与实际演练相结合，提高学生的应用能力和实际操作能力。

2. 通过情景模拟，要求学生掌握谈判礼仪的规范及要求。

实训内容：结合以下情景，全班分成2个大组，每组派5～6名同学作为谈判代表，分成甲乙双方，进行一次模拟洽谈。其余同学分成若干小组，进行谈判相关的准备工作。

情景设置：

甲方：大地展览中心

乙方：会彩会展有限公司

以甲为动漫节的主办方，甲、乙双方进行动漫节开幕式礼仪接待承办的合作洽谈。

讨论主题：

1. 谈判环境应该如何布置？

2. 谈判座次应该如何安排？

3. 谈判前的迎接礼仪、谈判期间的谈判礼仪分别有哪些内容？

教师主要观测点：

1. 观测各小组的合作状态以及成员的参与性。

2. 模拟过程中学生的礼仪表现是否符合谈判礼仪规范，包括迎接礼仪环节（见面、握手、交换名片等）和入场礼仪环节（入座、介绍、表情、姿态等）。

3. 观测学生对谈判礼仪程序和谈判内容、重点及技巧的把握状态。

实训项目二：模拟宴请活动

实训目的：

1. 通过场景模拟的方法使学生体会并掌握宴请活动的礼仪规范和要求。

2. 将宴请礼仪的理论知识与实训、练习相结合。

3. 通过小品表演的方式，要求学生从生动、有趣的实训中更深刻地领会和掌握宴请活动礼仪规范和要求。

实训内容：分组设计会展宴请的场景，并安排不同的角色，在全班现场表演。

讨论主题：

1. 宴请活动中，常见的礼仪错误表现有哪些？可以如何归类？应该如何避免？

2. 确定小组的会展宴请的主题，并且设计一个宴请的场景，分角色表演。

教师主要观测点：

1. 观测各小组的合作状态以及成员的参与性。

2. 观测学生对会展宴请礼仪规范的把握状态。

3. 观测学生对宴请礼仪的理性分析和实际表演是否相吻合。

实训项目三：参观游览礼仪实训

实训目的：掌握参观游览接待计划的礼仪规则；掌握会展旅游过程中的导游工作礼仪。

实训内容：

1. 假设“世界名城博览会”即将在你所在城市举行，主办方将要组织参加博览会的各个世界名城的市长参观城市经济开发区的部分企业，并游览主要的城市旅游景点。请站在主办方工作人员的立场上列出一个接待计划，并分小组对其中涉及的礼仪问题进行探讨。

2. 分小组模拟现场导游过程。主要角色有会展主办单位工作人员、导游员、旅游者，各个同学轮流扮演上述角色，模拟在某景点游览（或是实地游览）。"旅游者"从礼仪角度分别评析"工作人员"和"导游员"在旅游活动组织过程中的表现。

讨论主题：

1. 企业接待各世界名城市长时应该如何拟订接待计划？其中有哪些礼仪要求？

2. 会展旅游阶段导游员的礼仪要求有哪些？应该如何实践？

教师主要观测点：

1. 观测各小组的合作状态以及成员的参与性。

2. 着装是否得体。

3. 神情是否自然，姿势动作是否符合职业要求。

4. 称呼是否贴切，是否能熟练准确地使用礼貌用语。

5. 引导游览活动过程中所处的位置是否恰当。

6. 导游员讲解语言是否准确、有吸引力。

复习思考题

1. 请给下面的定义判断正误，正确的填上"Y"，错误的填上"N"。

①谈判双方在长型谈判桌相对而坐的原因是他们意见正好相反，无法统一。（　　）

②当你不能参加宴会时，一定要打电话或回函告知对方。（　　）

③出席签字仪式的双方身份可以不等。（　　）

④如果吃饭时要打饱嗝，应用餐巾捂住嘴巴，然后对大家说："对不起。"（　　）

⑤热情地给客人夹菜，强行给客人劝酒。（　　）

⑥聊天时挥舞手中的刀叉。（　　）

⑦冷餐会也叫自助餐，酒会又称鸡尾酒会，一般不设固定坐席，可以随意走动，出席者不必计较礼宾身份。（　　）

⑧咀嚼食物时不闭嘴，骨头吐在桌上。（　　）

⑨自助餐一次取食过多，盘中装得过满。（　　）

⑩宴会即将结束时才到达。 ( )

2. 案例分析

深圳某公司林老板欲与北方某城市达发公司建立业务代理关系,达发公司经理十分重视这样的机遇,林老板到达后,经理设宴招待。

参加宴会的人员除公司经理、副经理外,还有各主管部门的负责人,共10位。人们热情寒暄后,宴会开始了。林老板见服务员手拿一瓶茅台酒欲为自己斟倒,便主动解释自己不能喝白酒,要求来一点啤酒,但主人却热情地说:“为我们两家的合作,您远道而来,无论如何也应喝点白酒。”说话间,白酒已倒入林老板的杯中。

主人端起酒杯致祝酒词,并提议为能荣幸地结识林老板干杯,于是带头一饮而尽。接下来人人效仿。林老板只用嘴沾沾酒杯,并再次抱歉自己的确不能喝白酒。

林老板的白酒未饮下,主人仿佛面子上过不去,一直劝让,盛情难却,林老板只好强饮一杯,然而有了第一杯,接下来便有第二杯。

林老板提议酒已喝下,大家对合作的事情谈谈自己的看法。主人却说:“难得与林老板见面,先敬酒再谈工作。”于是又带头给林老板敬酒,接下来在座的都群起效仿。尽管林老板再三推脱,无奈经不起一个又一个理由,林老板又强饮几杯。

林老板感到自己已经承受不住了,提出结束宴会,但此刻,大家却喝在兴头上。接下来又是一番盛情,林老板终于醉倒了。等林老板醒来,发现自己躺在医院的病床上,时间已经是第二天的傍晚了。

次日早晨,当主任再次来到医院看望林老板时,护士告诉他,林老板一大早出院回深圳了。

请根据案例及宴请礼仪分析:林老板为何不辞而别?找出主人宴请失败的原因。

第7章
礼仪文书训练

【本章导读】

在会展商务交往和公关活动开展中，礼仪文书既是必不可少的工具，又是办事的依据、考察的凭证，本章将对礼仪文书的常用信函及其特定格式要求和相应礼仪规范进行详细阐述。学生通过本章的学习，力求掌握常见礼仪文书的写作方法，并具有一定的礼仪文书理论知识和写作能力。

【关键词汇】

书信礼仪　专业信函

7.1　一般书信格式与礼仪

在各类商务交往活动中,书信是一种应用极为广泛的书面交流形式。对于广大会展从业人员而言,书信在实际工作中扮演着举足轻重的角色。因此,每一位会展从业人员都必须熟练掌握书信的书写和使用规范。

7.1.1　书信格式

书信格式可分为笺文格式和封文格式两方面。

1)笺文格式

笺文,即写于信笺上的书信内容。笺文一般由抬头、启词、正文、祝词、落款以及附言6部分组成。

(1)抬头

它是对收件人的称呼,于信笺首行顶格书写,并且单独成行。在书写公务书信的抬头时,通常适用的称呼有如下几类:一是以姓氏加上称谓词作为称呼,例如“王先生”、“黄同志”等,这类称呼显得较为自然;二是以姓氏加上职衔作为称呼,例如“钱经理”、“林主任”等,这类称呼多用于关系一般的交往双方之间;三是以字号相称,文人雅士多有字号,平辈之间采用字号称呼是较为正规、讲究的做法。称呼之前,可加一些适当的形容词,如“尊敬的”、“敬爱的”等。

(2)启词

启词即问候语,是正文之前的开场白,既可表示客气寒暄,也可提示写信原因。启词应于抬头之下另起行空两格书写,一般应单独成段。公务信函的启词应力求篇幅简短,不可过于啰嗦。采用“您好”一类的简略启词可使之成为正文首句,而不必单独成段。

(3)正文

正文是书信的主体部分,公务书信的正文,应力求简明扼要,以简单的语言说全、说清书信的主旨。

(4)祝词

祝词即写信者在笺文结尾向收信者所表达的祝愿、钦敬、勉慰之语。祝词一般包括两部分内容:一是应酬语,即笺文结尾特以一两句话结束正文的语句。应酬语应当简洁而自然,如“草此”、“肃此”、“敬此”等。二是问候祝福语,如“敬颂春安”、“即颂大安”、“祝您成功”等。

(5)落款

落款包括署名和日期两部分。署名应位于祝词之后另起一行的右方。若有写信者领导或同事的附问或写信者对收信者领导或同事的致意,则应另起一行书写,或直接写于署名之后。一般而言,日期应具体到年月日,有时可只写月日。日期可写于署名之后,只空一格;亦可另起一行,写于署名的正下方。

(6)附言

附言是写信者对正文的补充。附言往往以“又”、“另”一类词引出,或不写引出词,而以“又及”、“再及”一类词结束。 附言应在署名与日期之后另起一行空两格书写,且不必分段。附言力求简洁,无须另用信笺。切勿在信笺的上下左右乱写附言,令人眼花缭乱而不知所云。

2)封文格式

封文,即写在信封上的书信内容。国内邮寄书信、国际邮寄书信与转托书信,其封文有着不同的具体格式内容。

(1)国际邮寄书信

寄往国外的书信封文写作除须用寄往国家的文字书写(有的也可用英文书写)外,还有格式的明显区别。国际一般规则是:封文左上方依次写发信人的

From: Mr Li Bing　　　　贴邮票处
Room × × × , × × × Street/Road, × × × District
Beijing,100080,China(中国)
Tel:0086-010-8225 6888

To: Mr Green
Room987,XYZAvenue,Denver
Colorado,80202,USA(美国)
Phone:303.575.9595

图7.1　国际邮寄书信

姓名、地址(包括邮政编码)、国名(这三项内容也可写在背面封口上);右下方依次写收信人的姓名、地址(包括邮政编码)、国名;右上角贴邮票。书写地址时应自小而大,与国内写法相反。书写时应尽量使各行文字左右对齐。

(2)国内邮寄书信

在邮寄国内书信的信封上,应先在左上角写清收信者所在地的邮编。然后另起一行书写收信者的详细地址。信封的正中央应以稍大字体书写收信者姓名。寄信者的地址、姓名(有时可只写姓氏)以及邮编应写于信封的右下方。

(收件人邮编)663000　　　　贴邮票处

寄　云南省昆明市浩鸿国际会展公司

王充明 经理 收

邮　四川省绵阳市机械制造厂

(寄件人邮编)847569

图 7.2　国内邮寄书信

(3)转托书信

在托人转带的信封上,内容一般较为简洁。信封左上角可视具体情况写上"面交"、"转送"等字样。收信者地址、姓名写法不变。如转托人知道收信者地址,可以不写地址而只写姓名。信封右下角一般只注明写信者姓名,不必写其地址。收信者和写信者的邮编均不必写。

不同的信函封文除了上述不同的格式要求外,还有许多普遍的规范和要求。一是信封款式。我国目前通用的信封有两种款式,一种是竖式(又称"中式"),另一种是横式(又称"西式")。竖式信封以中间印有红色长方框的最为适宜;横式信封则以纯白色为佳。二是封文字体。封文字体的书写,可用钢笔、圆珠笔、毛笔等,但切勿使用铅笔,字体颜色则以深蓝色或黑色为佳,忌用红色、绿色等彩色笔书写。写给长辈的信,应以端正的字体书写,以表尊敬。三是封文称呼。封文上的称呼是供邮递员或捎信人对收信者称呼之用,因此,必须采用邮递员或捎信人所能接受的称呼。"小姐"、"同志"或其他以职衔所做的称呼是普遍适用的，切勿采用表示亲友、辈分关系的称呼，如“姥爷”、“四叔”等。四是邮编邮票。为便于邮局作业，寄信人务必要使用带有邮政编码的标准信封。直式信封的邮票应粘于信封的左上角，横式信封的邮票则应贴在右上角。邮票应贴得端端正正，给人以尊重、踏实之感。

7.1.2 书信的礼仪要求

1）注意称呼合适

称呼要得体、要准确、要有礼貌。写信一开始，要根据写信人和收信人的关系选用准确、恰当、得体并符合礼仪的称呼，切忌写错别字。

2）注意问候要真诚热情

问候是人与人交往的必不可少的礼节，写信虽然不直接见面，但也是一种交往，因此，不论对方是否相识，也不论交情深浅，都应向对方热情真诚地问候。

3）注意正文要得体

正文得体，行文上言简意赅，遣词造句有分寸，注意词意的褒贬、意义的轻重，不引起对方的不快或误会。切忌啰啰嗦嗦、拖沓冗长，甚至词不达意、文不对题。正文的语言要求平实朴素但不失礼貌优雅。

4）注意祝颂要热诚

正文后的问候祝颂语虽然只有几个字，但表示写信人对受信人的祝愿、钦敬，也有不可忽视的礼仪作用。

5）注意落款要恰当

落款和称呼一样，要根据写信人和收信人的关系来定，一般公务书信应将姓名全部写上。

6）注意书信回复礼仪

（1）及时回复

会展工作人员在收到书信时务必要以适当的方式及时回复，以示对对方的尊重，切不可拖拖拉拉、懒散对待，甚至不予理睬和回复。

(2)回复方式

公务书信的回复应遵循"照旧"原则,即以函复函。如果因故改变回复方式,应向对方道明原因。为尽早消除对方的担忧之情,可在收到重要书信后先打电话告诉对方书信已收到,然后再及时复函。复函时除对对方的提议、要求做详实答复外,还应告之所收到的是何时所发的书信,我方又是何时收到的。这是为了防止有的书信"半路走失"却未能及时发现。如果双方书信往来频繁,更有必要这么做。如告诉对方:"您于 3 月 6 日发出的信件,我在 11 日收到了。"

(3)解释延误

会展从业人员在收到公务信件后,如果当时确实无法及时回复,则必须先电告对方,并致以歉意,向对方解释原因,然后再抽时间予以回复。如果在回信时遇到困难,例如对方所提要求超出了本人力所能及的范围,切不可不予理睬、束之高阁,甚至在日后与对方见面时表示"并未收到"。即使帮不了忙,也应尽早答复,并致以歉意。要表现出坦诚的态度,以便早让对方另做安排。

7.2 专用信函礼仪

专用信函是指针对某种特定的事务、用于某种特定的场合所写的书信。专用信函有许多不同的种类,如介绍信、证明信、感谢信、贺信、慰问信、邀请信、允辞信等。撰写专用信函,先要弄明白它们各自的用途是什么,有哪些不同的特点,然后了解它们各自在写作上的特殊格式和要求。下面介绍几种会展活动中常用的专用信函:

7.2.1 介绍信

1)介绍信的概念

介绍信是机关单位、人民团体、企事业单位介绍、派遣本单位人员到外单位参观学习、联系工作、了解情况或出席某种会议等所写的一种凭证,具有介绍和证明的作用。介绍信一般有书信式和填表式两种。书信式介绍信一般用印有单位名称的信笺书写,格式与一般书信基本相同;填表式介绍信则是一种印有固定格式的专用信纸,需根据要办的具体事项按格式逐一填写,如转党团关系时所专门开具的介绍信。填表式介绍信有存根,便于查存。

2)介绍信的写作规范

介绍信一般由标题、题下编号、称谓、正文、敬辞、落款组成。

(1)标题

“介绍信”3个字写于第一行正中的位置。题下一般有编号,即题下编号,便于记载和核对,增加严肃性。称谓于顶格书写对方单位或对方负责人的称呼,称呼后面加冒号。

(2)正文

正文内容主要写清楚被介绍人姓名、身份,以及前往联系的事情和对对方单位的希望。如涉及保密事宜,尚需介绍持信人的政治面貌等。

敬辞一般为一些礼貌性话语,诸如“此致敬礼”。

(3)落款

落款应包括署名和日期,署上单位名称应加盖单位公章,日期落款应以公历为准。

[范例7.1]

介绍信

××介字第×号

武汉国际会展中心:

今介绍我公司××前往武汉国际会展中心商洽××××××会议场租事宜,请贵单位予以接待。

此致

敬礼

×××公司(公章)

××年×月×日(有效期 天)

7.2.2 证明信

1)证明信的概念

证明信是以组织、机关、团体或个人的名义书写的,用来证明有关人员的身份、职务、经历以及证明有关事件的真实情况时所使用的一种专用书信。一般采用书信体的格式。

2)证明信的类型

实际工作中经常使用的证明信一般有3种类型:

①以组织名义所写的证明信。这种证明信多数是证明曾在或正在本单位工作的有关人员的身世、经历或与本单位有牵连的事件。

②个人证明某人某事真实情况的证明信。这种证明信是由个人写的,内容完全由个人负责。这类证明信一般需要由出具证明者所在单位签署意见,写清写证明信者本人的政治面貌、工作情况等,以便使审阅证明信的人了解证明人的情况,从而鉴别证明材料的真伪与可信程度。个人所写的证明信的内容如果本人不太熟悉,应写"仅供参考"的提示性语言,说明对证明信上所写材料的态度。

③随身携带的证明信。这是因工作的需要,由被证明者随身携带的证明信。它是供有关人员外出活动时做证件来使用的,以确保被证明者的工作、生活、旅行等的正常进行。这类证明信一般需要注明有效时间,过期失效。

3)证明信的写作技巧

证明信由5部分组成,即标题、称谓、正文、结束语、署名和日期。

(1)标题

证明信的标题通常有以下两种方式构成:单独以文种名做标题,"证明信"、"证明"字样写在第一行中间;由文种名和事由共同构成,一般也写在第一行中间,如"关于×××同学××情况(或问题)的证明"。

(2)称呼

要在第二行顶格写上受文单位名称或受文个人的姓名称呼,然后加冒号。有些供有关人员外出活动证明身份的证明信因没有固定的受文者,开头可以不写受文者称呼,而是在正文前用公文引导词"兹"引起正文内容。

(3)正文

正文要在称呼写完后另起一行,空两格书写。要针对对方所要求的要点写,证明什么问题就写什么问题,其他无关事宜不写。

正文写完后,要另起一行,顶格写上"特此证明"4个字,也可直接在正文结尾处写出。

(4)落款

落款即署名和写明成文日期,并由证明单位或证明人加盖公章或签名、盖私章,否则证明信将是无效的。

总之证明信的语言要十分准确,不可含糊其辞,要言之有据,证据确凿。证明信不能用铅笔、红色笔书写,若有涂改,必须在涂改处加盖公章。

7.2.3 感谢信

1)感谢信的概念

感谢信是一种为了感谢支援、帮助、关心过自己的党政机关、企事业单位、社会团体或个人表示回谢的专用书信。感谢信也可用做答谢对方的邀请、问候、关心、帮助和支持而写的公关礼仪书信。

2)感谢信的类型

感谢信依据不同的内容可以有不同的分法。

①从感谢对象的特点来分:给集体的感谢信,这类感谢信一般是个人由于在困难时受到了集体的帮助,使自己度过了难关,走出了困境,因此,要用感谢信的方式表达自己的感激之情;给个人的感谢信,这类感谢信可以是个人也可以是单位集体为了表达某个人曾给予的帮助、照顾而写的。

②从感谢信的存在形式上来分:公开张贴的感谢信,这种感谢信包括登报、电台广播,或电视台播报的感谢信等,总之是一种公开的感谢信;寄往单位或个人的感谢信,这种感谢信直接寄给单位和个人。

以上无论怎么分类,都不会影响感谢信的写法。

3)感谢信的写作技巧

感谢信通常有标题、称谓、正文、结尾和落款5部分构成。

(1)标题

单独由文种名称组成,如"感谢信",写在第一行中间;由感谢对象和文种名称共同组成,如《致某某公司的感谢信》;由感谢双方和文种名称组成,如《××致××单位的感谢信》。

(2)称呼

于开头顶格处,写明被感谢的机关、单位、团体或个人的名称或姓名,然后加上冒号。

(3)正文

感谢信的正文从称呼下移一行空两格开始写，要求写上感谢的内容和感谢的心情。应分段写出以下几个方面：

①感谢的事由；

②揭示意义。

(4)结尾

结尾要写上敬意、感谢的话，如“此致敬礼”等。

(5)落款

感谢信的落款署上发文单位名称或发文者的姓名，并且署上成文日期。

7.2.4 慰问信

1)慰问信的概念

慰问信是组织、部分群众以及某个人向有关集体、个人表示慰劳、问候、致意的书信。慰问信包括两种：一种是表示同情安慰；另一种是在节日表示问候。慰问信一般采用书信体格式。

慰问信可以直接寄给本人，但大多是以张贴、登报，在电台、电视上播放的形式出现的。公开性是慰问信的一个特点。

2)慰问信的写作技巧

慰问信通常有标题、称呼、正文、结尾、落款5部分构成。

(1)标题

慰问信的标题通常由以下3种方式构成：单独由文种名称组成，如“慰问信”，写在第一行中间；由慰问对象和文种名共同组成，如《给×××的慰问信》；由慰问双方和文种名共同组成，如《××致抗××××的慰问信》。

(2)称呼

慰问信的开头要顶格写上受文者的名称或姓名称呼。

(3)正文

慰问信的正文一般由两部分构成：发文的目的，即写清楚发此信的目的是代表何人向何集体表示慰问。慰问缘由或慰问事项,即要概括地叙述对方的先进思想、先进事迹,或战胜困难、舍己为人、不怕牺牲的可贵品德和高尚风格;或者简要叙述对方所遭受的困难和损失,以示发信方对此关切的程度,要表现出发信方的钦佩或同情之情。

(4)结尾

结尾表示共同的愿望和决心,如"让我们携手并进,为早日实现祖国的四个现代化而共同奋斗",又如"……困难是暂时的,最后的胜利一定属于我们"等。接着写祝愿的话,如"祝你们取得更大的成绩"、"祝节日愉快"等,但"祝"字后面的话应另起一行,空两格写,不可连写在上文末尾。

(5)落款

慰问信的落款要署上发文单位或发文个人的称呼,并在署名右下方署上成文日期。

7.2.5 贺信

1)贺信的概念

贺信是对他人取得的成就、获得某种职位、组织的成立、纪念日期表示祝贺的文书。贺信与贺词有所不同,不要把贺信写成贺词。贺词内容篇幅长,而贺信要求简单短小,不宜长篇大论。

今天贺信已成为表彰、赞扬、庆贺对方在某个方面所做贡献的一种常用形式,它还兼有表示慰问和赞扬的功能。

2)贺信的写作技巧

贺信一般由标题、称谓、正文、结尾和落款5部分构成。

(1)标题

贺信的标题通常由文种名构成,如在第一行正中书写"贺信"二字。

(2)称谓

顶格写明被祝贺单位或个人的名称或姓名。写给个人的,要在姓名后加上相应的礼仪名称,如"同志"。称呼之后要用冒号。

(3)正文

贺信的正文要交代清楚以下几项内容:

①结合当前的形势状况，说明对方取得成绩的大背景，或者某个重要会议召开的历史条件。

②概括说明对方都在哪些方面取得了成绩，分析其成功的主观、客观原因。贺寿的贺信，要概括说明对方的贡献及他的宝贵品质。总之这一部分是贺信的中心部分，一定要交代清楚祝贺的原因。

③表示热烈的祝贺。要写出自己祝贺的心情，由衷地表达自己真诚的慰问和祝福。要写些鼓励的话，提出希望和共同理想。

(4)结尾

结尾要写上祝愿的话，如“此致敬礼”、“祝争取更大的胜利”、“祝您健康长寿”等。

(5)落款

写明发文的单位或个人的姓名、名称，并署上成文的时间。

7.2.6 邀请信

1)邀请信的概念

邀请信是为了增进友谊，发展业务，邀请客人参加庆典、会议及各种活动的专用信函。邀请信用语上比请柬随意，一般采用书信体的格式。邀请信应注意提前发送，在用语上要含有尊敬之意，在邀请信中应将各种事宜显示出来，使邀请对象可以有时间、有准备地赴约，也能为活动主办的个人或单位减少一些意想不到的麻烦。在会展组织活动中，邀请信本身也是会展宣传材料的组成部分，其撰写规范既要体现一般邀请信的邀请之义、诚挚之意，又要说明会展组织者的实力和信誉，为招展、招商提供材料。

2)邀请信的写作技巧

(1)标题

可单独以文种名称组成，如在首行居中处写上《邀请书》或《邀请信》，也可由发文原因和文种名称共同组成，如《关于出席云南省首届茶博会的邀请书》。

(2)称呼

称呼要顶格写被邀请的单位或个人的名称或姓名，也就是要写明主送对象，如“×××大学：”、“××经理：”。

(3)正文

邀请信的正文通常要求写出举办活动时间、活动地点、活动目的、活动内容、活动方式、邀请对象以及需要邀请对象做的工作等。活动的各种事宜务必在邀请书中写清楚。若附有票、券等物也应同邀请书一并送给主送对象。若相距较远,则应写明交通路线,以及来回接送的方式等。其他差旅费及活动经费的开销来源及被邀人所应准备的材料文件、节目发言等也应在正文中交代清楚。

(4)结尾

结尾处要求写上礼节性的问候语,如"恳请光临"、"致以敬意"等。

(5)落款

邀请信的落款要署上发文单位名称或发文个人的姓名,署上发文日期。邀请单位还应加盖公章,以求慎重。

[范例7.2]

以下是2004年"深圳国际文化产业博览会"发给参展商的邀请函。此邀请函言辞精炼、诚恳热情,包含了邀请函所要求的主要内容和信息,属于该次文博会招展函的一部分,与展会价格、回函、联系方式等附件一起发给被邀请的潜在参展商。

文博会邀请函

______敬悉:

由国家文化部文化产业司、广东省文化厅、广东省广播电影电视局、广东省新闻出版局、深圳市人民政府联合主办的首届"深圳国际文化产业博览会"(简称"文博会")即将于2004年11月18~22日在深圳隆重举行。

"文博会"是国内首次举办的国际性文化产业博览会,也是深圳市继"中国高新技术交易会"之后主办的又一个国家级经常性大型国际化品牌展会。"文博会"围绕"文化产业博览、文化产业论坛、文化产业交易"的主题,以会展培育文化品牌、以市场整合文化资源、以交易创造文化价值、以论坛汇聚文化信息、以科技推动文化创新。依托深圳独特优势,通过展示当今世界文化产业发展的最新成果,"文博会"将是一个具有广泛国际影响力的文化产业交流、沟通、贸易的平台,是一次盛大的中外文化节日,更是一次商机蓬勃的盛会。

"博览天下文化、荟萃产业精华"。从即日起我们开始接受参展、参观、招商报名,具体事宜请与首届深圳国际文化产业博览会承办工作领导小组办公室联系。我们诚挚地邀请贵公司参加这次文化盛会,我们将竭诚为您提供热情、周到的服务。

组委会全体成员恭候您的光临。

首届深圳国际文化产业博览会组委会
2004 年 6 月 3 日
（根据深圳饮食信息网信息改编）

7.2.7 允辞信

1）允辞信概念

允辞信是指被邀请者对邀请方（单位或个人）书面邀约的一种拒绝或是接受邀约的书面答复，是针对邀请信或柬帖而常用的一种专用信函，一般采用书信体的格式。

允辞信须在接到书面邀约之后 3 日之内回复，而且回得越早越好，并且应当对能否接受邀约这一关键性问题做出明确的答复，以便邀请方能及时做出相应的准备。这是尊敬邀请方的礼貌行为。

2）允辞信的写作技巧

（1）标题

可单独以文种名称组成，如在首行居中处写上《允辞信》，也可由发文原因和文种名称共同组成，如《关于出席云南省首届茶博会的允辞信》。

（2）称呼

称呼要顶格写邀请方的单位或个人的名称或姓名，也就是要写明主送对象，如"×××组委会："、"××经理："。

（3）正文

允辞信的正文内容有两种情况：

①接受邀请时，应将有关的时间与地点重复一下，以便与邀请者核实无误。通知邀请者决定接受邀请后，就不能失约了，因为临时的"变卦"，会给邀请者增添许多麻烦，是十分不礼貌的行为。

②拒绝邀请时，应说清楚不能赴约的理由，如卧病、出差、有约在先等理由，均可采用。在回绝邀请时，万勿忘记向邀约者表示谢意，并应写上预祝其组织的活动开展顺利、圆满成功等祝福语。

(4)结尾

结尾处要求写上礼节性的问候语,如“此致敬礼”等。

(5)落款

允辞信的落款要署上发文单位名称或发文个人的姓名,署上发文日期。如有需要,受邀请单位还可加盖公章,较为正式。

[范例7.3]

允辞信

尊敬的程琳小姐:

我深怀歉疚地通知您,由于本人明晚将乘机飞往天津市公干,故而无法接受您的邀请,前往嘉华大酒店参加贵公司举办的“生态旅游国际研讨会”。恭请见谅,谨祝圆满。

此致

敬礼

林峰　敬上

2006年2月3日

7.3 请柬贺卡礼仪

7.3.1 柬帖礼仪

1)柬帖的概念

柬帖又叫请柬,也称请帖,是单位、团体或个人邀请有关人员出席隆重的会议、典礼,参加某些重大活动时发出的礼仪性书信。柬帖多用于喜庆日、纪念日或联谊活动,如开业庆典、开幕仪式、学术交流、洽谈会、茶话会等。柬帖可以分为专题活动请柬、舞会请柬、茶话会请柬、招待会请柬等。它不仅表示礼貌庄重,也有凭证作用。

请柬正文的用纸大都比较考究,它多用厚纸对折而成。以横式请柬为例,对折后的左面外侧多为封面,右面内侧则为正文的行文之处。封面通常讲究采用红色,并标有“请柬”二字。请柬内侧,可以同为红色,或采用其他颜色。但民间忌讳用黄色与黑色,通常不可采用。在请柬上亲笔书写正文时,应采用钢笔或毛笔,并选择黑色、蓝色的墨水或墨汁。红色、紫色、绿色、黄色以及其他鲜艳的墨水,则不宜采用。

从形式上来看,请柬有横式和竖式两种。目前,在商务宴请中所采用的请柬,基本上都是横式请柬。它的行文,是自左而右、自上而下地横写的。竖式请柬是中国传统文化的一种形式,多用于民间的传统性宴请。它的行文,则是自上而下、自右而左地竖写的。

从内容上来看,请柬又有:节庆帖,即在喜庆、节日的时候,为邀集诸亲朋好友参加庆祝聚会所发的帖子;丧葬帖,即讣闻的一种形式,用于比较重要而又姓名、地址确定的告白对象,其制作以素雅为根本特征,通常为白纸黑字,即使做美术装饰,也必须采用同丧祭礼仪协调的图案和颜色;日常应酬柬帖,即在日常交际活动中使用的柬帖,如社团聚会、送别饯行、接风洗尘、贺友升迁等活动中的邀请。

2)柬帖礼仪要求

(1)柬帖的结构

①标题。在封面上写的"请柬"(请帖)二字就是标题,一般要做一些艺术加工,可用美术体的文字,文字的色彩可以烫金,可以有图案装饰等。需说明的是,通常请柬已按照书信格式印制好,发文者只需填写正文而已;封面也已直接印上了名称"请柬"或"请帖"字样。

②称呼。要顶格写出被邀请者(单位或个人)的姓名名称,如"某某先生"、"某某单位"等。

③正文。要写清活动内容,如开座谈会、联欢晚会、生日派对、国庆宴会、婚礼、寿诞等;写明活动时间、活动地点、活动方式。如果是请人看戏或其他表演,还应将入场券附上。若有其他要求也需注明,如"请准备发言"、"请准备节目"等。

④结尾。要写上礼节性问候语或恭候语,如"此致敬礼"、"敬请光临"等,在古代这叫做"具礼"。

⑤落款。署上邀请者(单位或个人)的名称和发柬日期。

(2)柬帖的文字礼仪

柬帖是一种庄重、正式、极具礼貌性的文体,但文字容量有限,因此,其用语极其考究,要摈弃那些繁冗造作或干瘪乏味的语言。

①求其"达",既要通顺明白,又不要堆砌辞藻或套用公式化的语言。

②求其“雅”，即要讲究文字美。请柬是礼仪交往的媒介，乏味或浮华的语言会使人很不舒服的。

③请柬文字尽量用口语，不可为求“雅”而去追求古文言，要尽量用新的、活的语言。雅致的文言词语可偶一用之，但需恰到好处。

④整体而讲，要根据具体的场合、内容、对象、时间具体认真地措辞，语言要文雅、大方、热情。

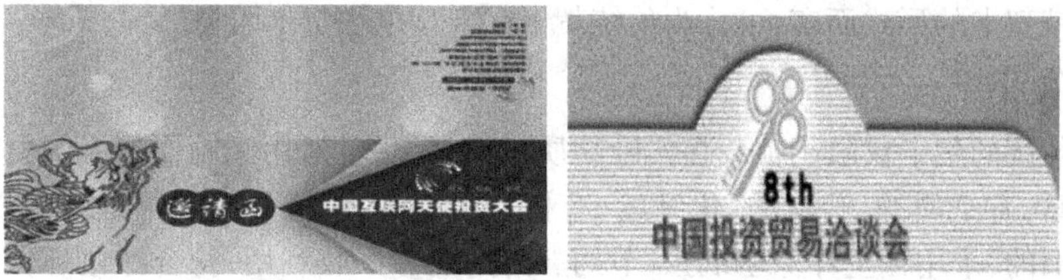

图 7.3 邀请函

7.3.2 贺卡礼仪

1）贺卡的概念

贺卡是在特殊事件或特殊时间，祝福传递的一种载体，是在重大节日、纪念日、生日等互相赠送的具有纪念意义的精美艺术品，它能显示关心、爱心，增进亲情、友情，表达美好的各种祝愿，增添欢乐、友谊和节日的气氛。

贺卡不是“舶来品”，我国是最早使用贺卡的国家，贺卡由古代的名帖、名片演变而来，故最早的贺卡称“贺帖”，俗称“拜年帖子”。远至宋代，我国就有了互相投递“拜年帖”的风气，这实际上已是贺卡的雏形。随着印刷技术的提高，20 世纪 90 年代贺卡风靡全国。

2）贺卡的礼仪内涵和外延

贺卡作为一种文化载体，具有其他通信方式所不具备的独特作用。

①我国的传统礼仪文化决定了贺卡的传统礼仪作用和地位。中国人非常重视“礼尚往来”。元旦、春节、中秋节、国庆节、圣诞节或是各类纪念日等，都会按照习俗问候师长、同学、朋友、家人、员工、领导、同事、客户等。送人玫瑰，手留余香，一张贺卡，几句祝福，送出的是你的一份亲情、友情、诚挚之情，收获的是一片亲切、欣喜、关爱之心。

②宣传功能独特。贺卡能将企事业单位的特有文化以及产品、形象或服务

同美好祝愿联系在一起,可成为企业的宣传载体,卡到、心到、品位到,在贺卡传递的同时,有利于企事业单位扩大知名度、树立社会形象、密切员工和客户的关系。

3)贺卡的种类

贺卡的种类很多,根据不同的分类形式有不同的内容。

就贺卡的形式而言,可分为传统贺卡和新型电子贺卡两类。

(1)传统的贺卡

传统的贺卡仅限于负载在实际物质材料之上,且运用于制作贺卡的材料较为丰富,有纸质的、塑料的、化纤的、有机材料的等,这些材料既可是新的,也可是废旧的,采用再生环保型纸张,节约、环保,能够回收利用,符合绿色环保和节约的要求。传统贺卡的特点:能传递更为真实的、正式的、长久的祝愿,更有人情味,更温馨,且易于长久保存,具有纪念意义。纸质贺卡在具体款式上又有分别:有单页卡、折页卡;有平面卡、立体音乐卡;有横式的、竖式的;有心形的、树叶形的及不规则形的等。

图7.4 春节贺卡

图7.5 心形贺卡

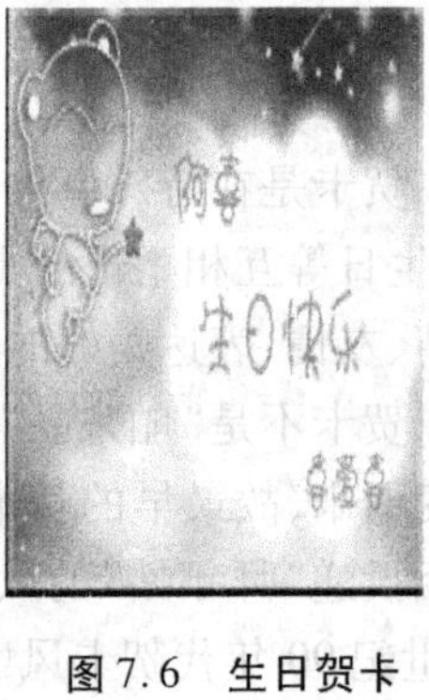

图7.6 生日贺卡

(2)新型电子贺卡

电子贺卡是以现代多媒体网络技术为载体,采用电脑技术制成,使祝福既有动画效果,又有声音效果,能达到一种视觉的享受。电子贺卡具有省时、方便、经济、环保、快捷的特点,更能体现个性,制作空间较大,更改便捷,形式多样,内容新颖,生动形象,如数码相片贺卡、视频片断以及 Flash 短片贺卡等,较受广大青年一代的喜爱。

无论是传统贺卡还是电子贺卡,都只是一种形式,通过它们来传递问候或祝福,而实际上最关键的还是内容,毕竟内容才是最终要传达的。就贺卡的祝贺内容而言分类更为广泛：包括贺年卡、生日卡、结婚卡、尊师卡、节日贺卡、纪念日贺卡等。

3）贺卡礼仪

①贺卡应精心挑选，不能马虎。贺卡寄寓着美好的祝福，满含情意，必须精心挑选。应根据不同的对象、不同的事由挑选贺卡，比如新年到，送贺年卡，给朋友的，要温馨一些；给长辈的，要古朴一些。贺卡上的文字、内容、图案也应针对收卡对象而慎重选择，否则会适得其反。

②贺卡准备好后，要及时寄出或发出。贺卡和时间关系密切，无论是生日贺卡还是新年贺卡，必须按时寄出，在节日或纪念日之后到达，是不礼貌的。当然，也不能在尚无节日氛围的时候送贺卡。

③如选择传统纸质贺卡，应该亲笔题写祝词，这样能提高情感的含量。如果是用贺卡上现成的文字或者用打印机将字打上，显得不够亲切。如果有可能，贺卡的贺词最好也是自己创作，针对不同的人，书写不同的祝词，不要“千篇一律”。如果选择新型的电子贺卡，则要落实确定对方是否可以掌握上网技术，确保对方能收到以电子贺卡传递的祝福。

本章小结

本章对书信礼仪、专用信函礼仪、柬帖礼仪、贺卡礼仪知识进行了阐述，对会展工作人员而言，掌握常用书信、信函礼仪知识，具有一定的礼仪文书理论知识和写作能力，能够根据不同需要正确适时适用，往往是个人综合素质的体现。本章内容能为会展工作人员提升个人综合能力素质提供有效的指导。

实　训

实训项目一：会展专用礼仪书信——邀请信、允辞信

实训目的：通过提供的资料，按照本章邀请信、允辞信写作技巧，写出符合要求的邀请信以及与其相对应的允辞信，以达到能熟练掌握、灵活应用的目的。

实训内容：

1. 请仔细阅读以下资料，并根据提供的资料，按照邀请信的礼仪格式给某单位写一封参展邀请信,并根据邀请信相关内容,写出允辞信。

第五届中国国际住宅产业展览会(2006年8月17日北京开幕)

展会时间:2006年8月17~20日

地　　点:北京展览馆

主办单位:中华人民共和国建设部

承办单位:建设部住宅产业化促进中心　中国建筑文化中心

为了进一步促进中国住宅产业的健康发展,搭建产业交易平台,展示住宅产业的最新科技成果,加强与国际间的交流与合作,大力提倡和推广节能产品和技术,第五届中国国际住宅产业博览会定于2006年8月17~20日在北京展览馆举行,本届博览会是中华人民共和国建设部主办的大型国际住宅产业博览会,展区规模3万m^2,是目前中国规模最大、专业性最强、权威性最高的住宅产业盛会。

中国国际住宅产业博览会自1996年创办以来,已成功地举办了四届。经过10年的培育,博览会已经成为在国内外知名的会展品牌。2004年举办的第四届中国国际住宅产业博览会,展出规模约2.8万m^2,1 600个标准展位。各省市住宅产业化工作主管部门专门组团参展,重点展示近年来我国住宅产业所取得的科技成果;日本政府组织20多家大型住宅生产企业参展,100多人的企业代表团来华参展和经贸洽谈。美国、加拿大、德国、韩国等国30多家知名企业参加本届展会;400多家国内大型家居集成商、住宅部品与产品生产商、大型房地产集团都以最佳阵容亮相展会。博览会按照展出内容和住宅部品体系类别划分了十二大展区,展示内容透视了住宅产业的方方面面,具有一定的专业性和系统性,吸引了众多集团买家和专业观众。展会参观的专业观众达4万人。

本届博览会以"整合行业资源·促进产业发展·加强国际交流"为主题,加大海外招商力度,竭力展示国际住宅产业最新技术与产品,全力打造产业服务平台,立足北京,面向奥运,面向全国,为国际住宅产业提供一个展示、交流、交易的舞台。组委会精心组织国际住宅产业高峰论坛,邀请政府官员、国际嘉宾、专家学者和著名企业家共同探讨住宅产业发展趋势,同时还将举行各种专业型会议、推荐活动、文艺表演和颁奖晚会。在美丽的北京,在即将举办中国第一次奥运会的城市,在这个国际住宅产业的盛会,我们真诚地期待着您的光临!

展会内容:

住宅产业成果综合展区、国外住宅技术与产品展区、住宅产业基地展区、房地产展区。

参展费用：

标准展位（3×3 m）：光地（36 m^2 起租）：

国内住宅部品：8 800 元人民币；国内住宅部品：880 元/m^2。

国内房地产：25 000 元人民币；国内房地产：2 500 元/m^2。

国外住宅部品：2 000 美元；国外住宅部品：200 美元/m^2。

国外房地产：3 800 美元；国外房地产：380 美元/m^2。

注：①标准展位包括如下设施：三面（或两面）展板、一张洽谈桌、两把洽谈椅、普通照明、一个 220 V/5 A 电源插座、展位内铺地毯、楣板文字（公司名称）制作。

②光地如需地毯、射灯、电源及洽谈桌椅等设施，可另行租赁。自建展位布展施工管理费，按展馆标准由参展商直接向展馆交纳。

广告宣传：

①参观券背面广告：5 000 元（60 000 张）。

②会刊广告：a. 封底：15 000 元；b. 封二、扉页：12 000 元；c. 封三：8 000 元；d. 内页：6 000 元。

③资料袋背面广告：5 000 元（5 000 个）。

④现场广告：a. PVC 气球（直径 3.5 m 含条幅）：6 000 元/展期；b. 彩虹门（12～15 m 跨含条幅）：8 000 元/展期。

活动内容：

①举办住宅产业化工作座谈会；

②举办中国住宅产业发展国际论坛；

③举办国家康居示范工程总结表彰活动；

④举办建设部 A 级住宅性能认定颁证活动；

⑤举办国家康居示范工程选用部品与产品认定颁证活动；

⑥举办住宅部品推介活动；

⑦举办各类住宅技术研讨会。

联系方法：

第五届中国国际住宅产业博览会组委会

联系单位：建设部　中国建筑文化中心

联系地址：北京市海淀区三里河路 13 号　中国建筑文化中心四层、六层

邮政编码：100037

联系电话：86-10-88082075

传真：86-10-88082034

（资料来源：安防交易网）

2. 请找出下列范文中不正确的行文格式，并根据正确的行文格式对下面的范文进行正确修改。

天艺会展公司人事部：

××年×月×日来信收到。根据信中要求，现将我院陆×同学的在校基本情况介绍如下：

陆×同学，是我校2007级会展经济与管理专业的学生，在校期间学习刻苦、成绩优异，思想上积极向党组织靠拢，于2006年10月光荣加入中国共产党，是一名预备党员；该同学在校期间是我院学生会外联部部长，工作认真负责，有较强的组织能力和团队合作精神，曾多次荣获优秀团学干部荣誉称号。

特此证明

××年×月×日

教师主要观测点：

1. 观测学生是否掌握邀请信的书写格式以及资料要求的邀请细节要点。

2. 观测学生是否掌握允辞信的书写格式，以及对应的回复内容是否得当。

3. 观测学生是否掌握证明信的正确书写格式。

实训项目二：节庆贺卡

实训目的：通过实训，加深对贺卡作用的理解以及正确使用贺卡；通过对贺卡的设计（内容构思），调动发挥同学们的想象力和创造力，充分领会贺卡的礼仪魅力。

实训内容：

1. 云南秀峰会展有限公司经云南省昆明市工商局批准注册，将于2008年1月28日举行开业庆典，作为该公司的项目合作单位，需寄送贺卡表示祝贺，请阐述寄送贺卡所需注意事项。

2. 分组设计出符合礼仪规范的贺卡。

云南景天经贸会展有限公司简介：云南景天会展有限公司是一家国有控股的全资企业，隶属于云南经协集团。公司主要组织承办国内外会议与展览；展览、展示工程设计；广告宣传的策划、设计、制作与发布；经济信息咨询服务等。云南景天会展有限公司是国内展览行业的生力军，致力于中国展览行业的发展。公司主体由多名多年从事展览的资深人士组成，与行业协会、政府主管部门、展览同行、媒体等有着广泛而良好的往来，已承接多起大型展览，包括2005年云南品牌产品展览会等，受到了社会各界的好评。今天的中国，展览界的竞争正在不断加剧。云南景天会展公司将为客户提供更周到完善的服务，创造更加辉煌的业绩。

讨论主题：

1. 结合此次活动的意义，探讨贺卡设计对该企业具有什么意义？

2. 讨论如何通过贺卡设计来体现上述讨论中提到的意义？

教师主要观测点：

1. 观测各小组的合作状态以及成员的参与性。

2. 观测贺卡创意设计是否符合内容要求，是否符合贺卡礼仪要求。

复习思考题

1. 简述书信的礼仪要求。

2. 请以某会展公司总经理的身份，给公司全体员工写一封年终感谢信，以表达对全体员工一年辛勤努力工作的感谢。

3. 收到邀请信或请柬时应注意的礼仪细节。

4. 某会展公司将举行嘉年华客户答谢会，请给相关的个人或单位写一封邀请信。

第8章
国际礼俗与禁忌

【本章导读】

会展业是一个国际性的行业，所包含的内容十分广泛，全球各个国家都有可能参与到某一个具体的会展活动中来。因此，学习会展礼仪必须要了解国际上通用的礼俗和禁忌以及各个国家具有特色的礼俗与禁忌，这样才能有针对性地从事会展礼仪活动。本章讲解国际上通行的禁忌知识以及各大洲主要国家的宗教礼俗、社交礼仪和禁忌等内容，为学习者在会展礼仪活动中“入乡随俗”提供背景知识。

【关键词汇】

礼俗　禁忌

8.1 一般禁忌

禁忌,也叫忌讳,是人们出于对某种神秘力量的畏惧,基于某些经验、观念和情感而形成的行为指向和行为方式上的自我限制。禁忌是人类普遍具有的文化现象,尽管其中有些具体的禁忌内容并不客观真实,甚至是带有封建迷信色彩的内容,但是由于禁忌与不同国家、民族的文化背景紧密相关,因此,在日常生活,尤其是公务、商务活动中要充分重视禁忌。礼仪禁忌是指在礼仪活动中确定的、公认的思想、行为约束和限制。会展活动,包括一些节事节庆活动中,工作人员不仅仅需要了解礼仪规范的具体要求,还需要对有关的礼仪禁忌有所了解,以避免失礼于他人或冒犯他人。

8.1.1 身体语言禁忌

身体语言,简称体语,是指非词语性的身体符号,包括目光与面部表情、身体运动与触摸、姿势与外貌、身体间的空间距离等。在会展活动中,人与人之间的联系沟通不只是通过语言、文字来实现,身体语言也可以传递人们内心的真实想法。而且身体语言具有真实性和隐匿性,这两个特点决定了身体语言虽然不容易引起人们的注意,但往往能够真实地反映人们的内心世界。因此,一旦人们关注了身体语言,就会更愿意相信身体语言所传递的信息。因此,在会展活动中人与人交往要十分留意身体语言的礼仪禁忌,尽量给交往对象留下一个良好的印象。以下是一些常见的不符合礼仪规范的身体语言。

1)总是摸后脑勺

当与人交谈时总觉得自己的双手是多余的,交谈中下意识地、经常性地摸后脑勺,使之成为一种习惯性的动作。这实际上是缺乏信心的表现,会让对方觉得你不够成熟,缺乏社交经验,或是觉得你对所谈的话题缺乏深思熟虑。

2)摆弄东西

有些人在交谈或开会时,手里总想拿点东西摆弄,以消除自己内心的不安或是无聊的情绪。这实际上会显得注意力不集中,不尊重对方。还有些人讲话时喜欢拍打对方，这其实是一种轻浮、不尊重人的行为，多数人会很反感这一动作。

3）抖动腿部

有些人习惯性地抖动双腿，或是一条腿压在另一条腿上不停地抖动，有时还很有节奏感。这样的身体语言会让人觉得高傲、难以接近，同时这也是一种缺乏修养的行为。

4）身体摇晃

有些人讲话时喜欢越讲越靠近对方，有时甚至靠上了对方的身体。有些人喜欢在交谈时摇晃自己的身体，以表达内心的情绪变化。这样的身体语言会给对方留下不成熟、不稳重、不端庄的印象。

5）当众打哈欠

打哈欠本是身体的自然反应，但在会谈或其他公务活动中，当众打哈欠是不耐烦的表现，会让对方认为你缺乏诚意，注意力不集中，或是故意为双方交往设置障碍。因此，要尽量避免当众打哈欠。

6）当众掏耳或挖鼻孔

当众掏耳或挖鼻孔是极其不雅的行为，尤其是在餐厅、茶室、酒吧等场所，往往会让旁人觉得恶心，认为你是一个不拘小节、缺乏教养、有失风度的人。

7）当众剔牙

在就餐时剔牙原是不可避免的，但需要注意礼节。剔牙时如果露出牙齿，或是把碎屑乱吐一番，会显得极其失礼。

8）当众搔头皮

当众搔头皮必然会使头皮屑随风飞扬，不仅难看，而且会令旁人觉得不卫生、不雅观。这种行为在公众场合中是让人难以接受的。如果确实忍耐不住皮屑刺激的瘙痒，当事人也应该回避众人，并且适时去医院治疗。

9）频繁看表

在与人交往中频繁看表势必会让对方认为你还有更为重要的事情去做，因此,对方也会丧失与你深入交谈的兴趣。有时频繁看表还会让对方误会,以为你已经没有耐心再听下去了,或是你在设置交往的障碍,不喜欢你们双方的交往。如果确实有要事在身的话,你应该婉转告诉对方改日再谈,并表示歉意,这才合乎礼仪规范。

8.1.2 口头语言禁忌

语言是由人类创造的一套符号系统,是一种交际工具,是人们所传递信息的外壳形式,同时语言也是风俗和精神文化的一部分。人们相信语言这种符号与其所代表的真实内容之间存在着某种统一的效应,为了避忌某些事物或现象,人们在日常生活和工作中主动地从语言上加以约束,不愿提及,由此形成了语言禁忌。语言禁忌有两种形式:"不说"是语言禁忌的第一种形式,就是"噤"。《说文解字》释"噤"曰:"口闭也,从口噤声。"当人们噤言时,可能会用手指、目视,以摇头、摆手等无声的语言来表达自己的心意。当这些身体语言不足以明确表达交流信息时,人们就会用一些变通的语言来传递信息了,由此形成了第二种语言禁忌的形式:避讳。语言禁忌从大的方面来看与民族文化、社会风俗、行业习俗有关,小的方面与个人习性、生活习惯有关。本书主要着眼于具有共性的语言禁忌,提出在日常生活、工作交往中应该共同遵守的语言禁忌规则,以供读者学习。

1)社交谈话中的语言禁忌

有些谈话内容涉及个人隐私,不论在公务场合还是社交场合都应该尽量回避。这里列举出常见的社交谈话中的语言禁忌。

忌问对方的婚姻状况、家庭状况,包括对方有没有恋人、有没有结婚、有没有孩子、婚姻状况如何等内容。

忌问对方工资收入和支出,也尽量回避询问对方所购物品的价格,与外宾交谈尤其如此。

忌问对方个人经历,类似于"过去做过什么"、"现在在忙些什么"的问题要尽量回避,同时与个人能力、收入相关的问题都不要主动问起。

忌问对方年龄。大多数女性都忌讳别人打听自己的年龄,很多男性也不愿意透露自己的年龄,因此,在社交谈话中不要主动问起对方年龄。

忌问家庭住址和私人电话。很多人将工作和生活分清,不愿让自己的私人时间和空间受到外人干扰。

忌谈政治及宗教信仰。不要和陌生人或初次见面的人、客户谈论这类问题,以避免因观点、信仰不一致而引发不必要的争论和麻烦。

忌随意谈论不在场的人。社交谈话中应该表现出对他人的尊重,不仅仅是对对方,对第三人也同样有此要求。因此,不要随意谈论不在场的人,包括谈话双方的上司、共同的熟人。

忌探讨小道消息。在各个工作环境里都有可能存在着一些小道消息,但在社交谈话中应该主动回避,不要传播流言蜚语,不要讨论他人隐私和错误。

2)凶祸词语禁忌

凶祸词语禁忌主要与民俗相关。民间有"说凶即凶,说祸即祸"的畏惧心理,因而禁忌提到凶祸一类的字眼,唯恐因此而招致凶祸的真正来临。

(1)忌"死亡"

死亡是人们最恐惧、最忌讳的事,因此,"死"字是不能提及的。汉语中有不同的词语来表述"死亡"的含义,如崩、薨、卒、疾终、升天、老了、牺牲、光荣了等。人们普遍讳言"死",有时连与"死"同音的字也要避忌。目前社交场合中比较普遍的一个现象是忌讳数字"4",很多医院、餐厅没有4号楼、4号房、4号床等,在很多编号中也回避4,如车牌号码、座位号等。与之相应,人们言谈、送礼等社交行为中都会回避4。

(2)忌凶词、祸词

为了防止凶祸发生,民间习俗在语言方面还忌讳说出与凶祸直接或者间接有关的词语。在会展、商务、公务等活动中常见的凶词、祸词忌讳现列举如下:

送客乘飞机离开忌谈"一路顺风"。

"空屋招租"避讳为"吉屋招租"。

司乘人员忌讳"翻"、"堵"等词语。

忌谈"梨"、"伞"等词语,要将其称为"圆果"、"竖笠",以避讳"离散"之意。

忌谈、忌送剑兰、茉莉、梅花,因为"剑兰"与"见难"(意为日后难相见了)谐音,"茉莉"和"没利"、"末利"谐音;"梅"与"霉"谐音。

上述列举的语言禁忌只是社交活动比较常见的一部分。还有很多语言禁忌与不同民族、不同国家、不同地区的风俗有关,各不相同,在此不一一列出。但会展活动必然会涉及不同文化背景的往来人群,学习者应该掌握"入乡随俗"的原则,小心使用语言,尽量回避语言禁忌,给予对方充分的尊重。

8.2 欧美主要国家礼俗与禁忌

8.2.1 欧美国家主要宗教礼俗与禁忌

基督教是欧美地区最主要的宗教。基督教有天主教、东正教、新教三大教派和基督教马龙派这个传统小教派。各派所行礼仪的项目和形式各有区别,但为绝大多数教派公认的礼仪有两项,即洗礼和圣餐礼。另外,基督教各派都遵守"十诫"和做礼拜。

1)洗礼

洗礼是基督教徒入教时必须举行的一种仪式。基督教认为人生来就有罪,洗礼可以洗掉人的原罪与本罪,施洗可使罪人变成义人。洗礼的方式有注水洗礼和浸礼两种。目前,除了一些东部教会和新教会行浸礼外,其余大多数教会均改为注水洗礼。

(1)注水洗礼

也叫"点洗",一般由神父或牧师主持。行礼时,主礼者往受洗者的额上倾注少量的水,同时口呼受洗者名并诵规定礼文:"我洗你,以父、及子、及圣之名。阿门。"

(2)浸礼

浸礼通常由神父或牧师主持。行礼时,主礼者口诵规定礼文,引领受洗者全身或半身浸入天然水域或人工水池中片刻,然后出水。

2)圣餐礼

圣餐礼是基督教主要礼仪之一。早期基督教时期,圣餐礼是宗教仪式的中心内容。举行圣餐礼时,除了吃饼喝酒以外,还念新祷文,诵经讲道。至中世纪,圣餐礼由专职神职人员主持。教会称,经主礼者的祝祷,圣坛上摆设的面饼和葡萄酒就化成了耶稣的体和血。举行圣餐礼时,各教派的仪式不尽相同,但大都包括了主礼者重复耶稣的话(即"这是我的身体和血,是为众人免罪而舍弃和流出的"),将面饼和葡萄酒分给信徒的内容。

3)“十诫”

基督教各派均信奉“十条诫命”。“十诫”的基本内容是:

①除上帝外不可敬拜别的神。

②不可敬拜偶像(天主教十诫之中没有此条,另有一条“勿贪他人妻”,列于第九诫)。

③不可妄称耶和华的名(即不许以上帝的名义发假誓)。

④当守安息圣日。

⑤当孝敬父母。

⑥不可杀人。

⑦不可奸淫。

⑧不可偷盗。

⑨不可做假证陷害人。

⑩不可贪婪别人的财物。

“十诫”中前4条着重讲人与上帝的关系,属于宗教信条;后6条侧重于人与人的关系,系为人处世之道。

4)礼拜

礼拜是基督教主要的崇拜活动,包括祈祷、读经、唱诗、布道等,一般是星期日在教堂中举行,由牧师主礼。没有教堂的地方,信徒也可以在家中举行,没有神职人员在场时也可以推举一位信徒主领。

5)宗教禁忌

基督教的禁忌除了在其“十诫”中涉及的思想行为禁忌以外,还有一些其他要注意的禁忌要求。首先由于基督教派别众多,与基督教徒交往的时候应该尊重其宗教信仰,不要混淆不同教派的教义教条。例如,神父和牧师是天主教和新教对其神职人员的不同称呼,二者不可混为一谈。不应对基督教徒所尊崇的上帝、基督以及圣事说长论短,或是在言语中流露出对基督教的不敬。基督教的教堂允许非教徒参观,但是一定要尊重对方的意愿。参观教堂应该脱帽进入,并摘下太阳镜等。基督教徒认为三角形为三位一体,象征永恒,故不能从靠墙的梯子下走过,以免侵犯圣境。基督教徒认为13是个不吉利的数字,因为在圣经故事《最后的晚餐》中,第13个门徒犹大将耶稣出卖,所以大家尽量回避数字13。在西方宴会中不能13人一桌,房间没有13号,楼层没有13楼等。

8.2.2 欧美部分国家礼俗

1)英国

英国人崇尚"绅士风度"和"淑女风范",讲究"女士优先"。这些礼仪原则在英国人的社交中有明显的表现。

(1)见面礼

英国人初次相识时一般都要握手行礼,而平时相见很少握手,通常只道个"早安"或"下午好",彼此寒暄几句而已。讨论天气是寒暄时的主要话题。有时只需举一下帽子略示致意。

(2)介绍礼

英国人为他人介绍的先后顺序是:先向年长者介绍年轻者;先向女士介绍男士(王子例外);先向身份高的人介绍身份低的人;先向先到者介绍后到者;先向已婚妇女介绍未婚女子。

(3)谈话礼

英国人经常使用"请"、"谢谢"、"对不起"等礼貌用语。他们一般不与别人进行无谓的争论。在倾听别人的意见时保留自己的看法,不打断对方的讲话,也不用手指点对方。在交谈过程中不会大发脾气,避免失态。

(4)做客礼仪

英国人喜欢并且习惯事先预约、再行拜访。做客时要注意衣着整洁、准时到达。一般礼节性拜会停留 20 min 左右比较合适。

(5)敬茶礼

英国人有喝下午茶的习惯,大多选择红茶加牛奶和糖。牛奶和糖都放在单独的器皿上,个人按照口味喜好自行调和。茶会上有一些饼干、三明治或小面包,个人按需取用,放在自己的小吃盘上食用。

(6)敬酒礼

英国人酷爱饮酒,但并不贪杯或是相互灌酒。与友人饮酒时会不时相互举杯,互道"健康",或是促膝畅谈。

2)法国

法国人讲究文明礼貌,具有良好的社交风范,崇尚"骑士风度"。他们注重外表，讲究衣着，谈吐文雅。在日常生活中经常使用“对不起”、“不客气”、“乐意为您服务/效劳”、“谢谢”等礼貌用语。

(1)握手礼

法国同性间见面，不论什么场合都要握手。若是来到法国人的办公室，你必须与所有在场者一一握手，离开时还需要重复一遍。但男女见面时，男子需要等待女子先伸出手后才能与之握手。男子和女子握手时应脱去手套，女子则不必，如果女子没有握手之意，不主动伸出手来，男子则应点头鞠躬致意。

(2)谈话礼

法国人与人交谈时十分礼貌，态度热情大方，语气自然、和蔼。交谈时尽量选择大家都感兴趣、有所了解的公共话题。谈话中注意自我克制，不会将个人观点强加于人。倾听对方谈话时神情专注，眼睛注视对方，不轻易打断别人的谈话。

3)德国

德国人勤勉矜持，讲究效率，崇尚理性思维，时间观念强，不喜欢做事拖拉，死气沉沉，也很反感不守纪律、不讲卫生等坏习气。

(1)见面礼

在德国熟人见面，男性应该首先向女性致意，年轻男性应该向年长男性致意，年轻女性应首先向年长女性和比自己年纪大得多的男性致意，下级应首先向上级致意。握手时年长女性先向年轻女性伸手，女性先向男性伸手，老师先向学生伸手。

(2)交谈礼

交谈时注视对方眼睛；讲话时注意吐词清晰，谈话内容务实，不说大话、空话。两手不能在谈话时插进衣袋，更不能对别人指手画脚。对待别人的反驳意见不能急躁、恼怒。

4)意大利

(1)见面礼

意大利人十分热情，普通同事见面时行握手礼。熟人、友人见面常行拥抱礼。行拥抱礼时男子之间相互抱肩拥抱，关系亲近的妇女之间互亲对方的脸，男女之间贴面颊。

(2)谈话礼

意大利人交谈时习惯保持40 cm左右的礼节性距离。因为双方间距太远，容易冲淡谈话的气氛，如果距离太近，又会使人感觉难堪或是拘谨。谈话内容一般涉及军事、足球、工作或大家了解的新闻。

5)美国

美国人一般性格开朗，不拘正统礼节，没有过多的客套。在日常交往中同样遵循女士优先的原则。

(1)见面礼

美国人在日常交往中比较随便，朋友之间见面通常只需打个招呼，一般只同不常见面的朋友握手，熟人之间反倒不需握手。但在正式场合里，人们讲究礼节，见面时行握手礼，男女之间由女方先伸手；长幼之间由年长的先伸手；上下级之间由上级先伸手；宾主之间有主人先伸手。人多时也可以交叉握手。

(2)谈话礼

美国人谈话时比较礼貌，对于别人的帮助都会表示谢意。拒绝别人时也会表示抱歉，并且婉转地表明自己的意见。在交谈中一般不用行政职务去称呼别人，也不爱用“先生”、“太太”、“小姐”、“女士”一类的称呼，他们认为直呼其名是一种亲切友好的表示。

6)加拿大

加拿大人见面通常行握手礼，老友或是久别重逢时也会热烈拥抱并握手，没有其他烦琐的礼节。谈话随和、友善，讲究礼貌，使用礼貌用语。

8.2.3 欧美部分国家的禁忌

1)行为禁忌

欧美国家的老年人一般不愿给人留下年老体弱的印象，因此，在上楼或爬山等活动中比较介意旁人去搀扶，如果在会展组织、接待过程中有类似的情形时，一定要事先征得同意才可以为他们提供搀扶帮助，绝不能勉强。人们认为糟蹋食盐的人会失掉朋友，打碎镜子是不吉利的事情，新娘在婚礼前不宜穿礼服。

英美国家的人看重在大庭广众之下的礼仪礼节，认为节哀为知礼，不宜大哭大叫。英国人认为吃饭时如果刀叉碰响了水杯而不加制止会带来不幸，因此，英国人吃饭时要尽量避免刀叉器皿碰撞出声。万一碰响了，也要尽快用手捏一下，使响声停止。英国人忌带有条纹的领带，因为这样容易让人误会所穿衣服是军队或学生校服的仿制品。英国人比较忌讳看见黑猫从眼前穿过，因为他们认为黑猫是不祥之物。英国人忌讳打喷嚏，因为他们一向将流感视为一种大病。

美国人忌讳成年人在别人面前吐舌头，认为这是既不雅观也不礼貌的行为。忌讳同性跳舞，因为容易让人误会是同性恋的行为而遭受异样的眼光。忌讳在宴会上喝醉，以免丢人现眼。

法国人送花时忌送双数，男子不能送红玫瑰给已婚女子，一般情况下也不能送香水给女子，因为这意味着求爱。

意大利人朋友之间互赠礼品时忌送手帕，因为他们认为手帕是分手时用来擦泪之物。意大利人还忌讳别人用目光盯视他们，认为目光盯视人是对人的不尊敬，可能还有不良的企图。在与不认识的人打交道时，忌讳用食指侧面碰击额头，因为这是骂人"笨蛋"、"傻瓜"。一般也忌讳用食指指着对方，讲对方听不懂的语言，这样做造成的后果将不可收拾。

2）言谈禁忌

欧美地区普遍忌讳打听或谈论他人隐私。美国的俗语"Go fly your own kite"（去放你自己的风筝）就形象而婉转地说明了这一禁忌原则。其中隐私问题涉及年龄、婚姻、职业、收入、住址、个人经历、宗教信仰、政治派别等内容。

在英国"不列颠"（British）是比较稳妥的称呼，而"英格兰"（England）会受到苏格兰和爱尔兰人的反感。法国、瑞士、比利时、加拿大忌讳面谈时称呼其全名，仅在少数正式场合中用全名。德国人比较注重形式，在交往中如果对方有博士等头衔，一定要用适当的头衔来称呼。

加拿大人不喜欢拿本国和美国对比，因此，谈话中要避免此类话题。另外对于加拿大人在谈话中将本国分为讲英语和讲法语的两部分人时，不要对此发表意见，因为这是加拿大国内民族关系的敏感问题。

3）饮食禁忌

德国人忌食核桃，美国人和加拿大人忌食动物内脏。

4) 日期禁忌

日期禁忌往往与宗教信仰有关。《圣经》中夏娃偷吃禁果、耶稣受难均发生在星期五,因此,基督教徒认为星期五是凶日。这一忌讳在欧美国家比较普遍。

5) 数字禁忌

在宗教禁忌中所介绍的关于数字 13 的忌讳在欧美国家比较普遍。另外一些西方人还比较忌讳数字 3。在英国,人们特别忌讳用打火机或火柴为他们点第三支烟。

6) 颜色禁忌

德国人禁忌以茶色、红色、深蓝色和褐色作为食品的包装色。红色往往被认为是色情的颜色,黑色则是代表悲哀的颜色。

法国人、比利时人忌讳灰绿色,因为在第二次世界大战期间希特勒法西斯军队所穿的军服是灰绿色的。法国人忌讳紫色,因为这在西方认为是属于同性恋者的颜色。

7) 花卉禁忌

法国人忌讳黄色花,认为这是不忠诚的象征。

在国际交往中一般忌讳用菊花、杜鹃花、石竹花以及所有黄色的花献给客人、嘉宾,同时不能将纸花、塑料花送给客人。

8) 符号图案禁忌

德国人忌讳纳粹符号,因为二战期间纳粹的暴行令人发指,德国人对此符号十分反感。

英国人认为大象是蠢笨的,忌用大象做图案,并且将孔雀看做是淫鸟、祸鸟而加以禁忌。

法国人认为仙鹤是蠢汉和淫妇的象征,而忌讳仙鹤的图案。

8.3 亚洲伊斯兰教国家礼俗与禁忌

亚洲地区的礼仪习俗既受到伊斯兰教、佛教的影响,也受到中国传统的道教、儒教以及印度教、犹太教的影响，彼此差异较大。本节及随后两节将分别介绍亚洲伊斯兰教国家、佛教国家和其他国家的礼俗与禁忌。

8.3.1 伊斯兰教简介

伊斯兰教是世界性宗教之一，7世纪初兴起于阿拉伯半岛，主要传播于亚洲、非洲。20世纪以来，在西欧、北美一些地区也有传播和发展。全世界信奉伊斯兰教的穆斯林大约有10亿人。在马来西亚、塞内加尔等40多个亚非伊斯兰国家，穆斯林占全国总人口的绝大多数。在埃及、沙特阿拉伯等30多个国家中，伊斯兰教是国教。

伊斯兰教的教义由五大信仰、五项宗教功课和八项言行准则组成。

1)五大信仰

(1)信真主

伊斯兰教认为安拉是宇宙唯一的主宰，是世界万物的创造者；安拉全知全能、至仁至慈、无形象、无方位、无所不在、无有匹敌。每一位穆斯林都必须信仰真主安拉。

(2)信末日

伊斯兰教认为，世界终有一天要毁灭。在世界末日到来时每个人都将被带到真主面前接受审判，行善者将进入乐园，作恶者将堕入火狱。

(3)信天神

伊斯兰教认为，天神(也称“天仙”或“天使”)是真主用光创造的精灵，受真主驱使。天神数量众多，著名的四大天神是：向穆罕默德传达真主“启示”的吉普利勒、负责观察宇宙万物的米卡勒、专司人间生死事宜的阿兹拉伊勒、宣告世界末日来临的伊斯拉菲勒。

(4)信天经

伊斯兰教认为《古兰经》是真主安拉的语言，是天经。此前，安拉曾给其他一些民族降示过经典，而《古兰经》是安拉最后降示给穆罕默德的一部最完整、最可靠的神圣经典。穆斯林应信仰天经，用《古兰经》规范自己的言行。

(5)信先知

伊斯兰教认为，安拉在不同历史时期差遣过多位使者或先知，如阿丹、努哈、易普拉辛，而穆罕默德是安拉最后派遣的一位使者或先知，是“封印使者”或

"封印先知",其言行代表安拉的意志。

2)五功

伊斯兰教的五功是其创始人穆罕默德根据政治、经济、宗教的需要,参照阿拉伯古代习俗和其他宗教逐项、逐步确立起来的。

(1)念功

念功指念诵"清真言",亦称向真主"作证"。这段作证词是:"我作证,万物非主,唯有真主,穆罕默德是主的使者。"在伊斯兰国家,一个人只要在任何一位穆斯林面前念这个做证词,他就成为一个新穆斯林。

(2)拜功

这是穆斯林向安拉表示感恩、赞美、恳求和禀告的一种宗教仪式,也是每个有理智的成年穆斯林的天职。伊斯兰教规定每个穆斯林每日五次面向麦加天房礼拜,每周五午后在大礼拜寺举行集体礼拜(聚礼),每年开斋节和宰牲节在大礼拜寺聚会、礼拜(会礼)。礼拜要先沐浴、盛服、洁处,正时、向西,向安拉申告。礼拜的基本动作包括:端立、鞠躬、叩首、跪坐。

(3)斋功

伊斯兰教规定在斋月(伊历9月)里,每天自破晓到日落禁止一切饮食和房事。

(4)课功

课功指穆斯林每年除正常消费开支外,剩余财产均应按一定比例缴纳天课。实际上是一种宗教课税制度。

(5)朝功

伊斯兰教规定,穆斯林中凡有能力者,一生之中必须到圣地麦加朝觐一次。朝觐后将荣获"哈吉"(朝觐者)的称号。

3)八项言行准则

①顺从。穆斯林应当顺从真主安拉的意志,顺从先知穆罕默德的教导,顺从代表民意的领导者。

②仁慈。穆斯林应孝敬父母,和睦亲戚和邻居,宽于待人,助弱济贫。

③公正。穆斯林应为人正直、办事公道、买卖公平。

④坚忍。穆斯林应坚定信仰,知足常乐,反对贪婪。

⑤劝善。穆斯林不仅要以身作则,起模范带头作用,还应规劝自己周围的人遵纪守法,多做善事。

⑥止恶。穆斯林看见有人干坏事必须严加制止,并要引导他弃恶从善,做一个好公民。

⑦远奸。穆斯林在社交场合不要同行为不端并且屡教不改的人交往,更不要与之为伍。

⑧近贤。穆斯林要多结交廉洁奉公的好人,和他们一起推动社会进步。

8.3.2 主要的礼俗与宗教禁忌

伊斯兰教对于亚洲阿拉伯国家,如沙特阿拉伯、伊朗、伊拉克、马来西亚等国家,有着十分深远的影响,这些国家的礼俗与禁忌都与伊斯兰教的教义教规直接相关。

(1)饮食礼俗与禁忌

伊斯兰教国家按照《古兰经》的规定一般都有禁酒的规定,但是伊拉克例外(伊拉克在斋月期间必须用白布将酒瓶盖起来)。抓饭是传统的进食方式,但不能用左手进食,因为他们认为左手是不洁净的。穆斯林禁食猪、死物、动物的血与内脏;禁食虎、豹、蛇、鹰、马、骡、驴、狗等动物。其他可食用的动物也必须由宗教职业者"阿訇"安排宰杀才可食用。

(2)语言行为习俗与禁忌

在阿拉伯国家一般是见不到女主人的,谈及或问候女主人都是失礼的,在一些国家甚至连主人家的孩子也不能提及。如果见到了女主人,虽然可以与之打招呼,但是切勿与之握手。与阿拉伯人坐在一起,忌用脚对着主人,更不要把腿架起来。如果露出鞋底则是对人大大的不敬。同阿拉伯人谈话,应该避免宗教和政治,也不要谈及猪、狗以及其他他们所禁忌的东西,不要将阿拉伯称为波斯湾。在阿拉伯国家,男人之间手牵手走路是友好和尊重的表示。

(3)节日及工作时间的习俗与禁忌

伊斯兰教主要的节日有开斋节(或称"肉孜节")和宰牲节(或称"古尔邦节")。开斋节是斋月结束后的第一天,即伊斯兰历十月初一。这一天人们会聚会美餐,庆祝斋戒结束。宰牲节是伊斯兰历十二月十日。节日这天人们会按照规定仪式宰杀牛、羊和骆驼,还将举行重大的宗教仪式。

在伊斯兰国家,通用的是伊斯兰历而不是公历。伊斯兰历九月为斋月,人们白天禁食,午后不办公。每周星期六到下周星期四为办公日,星期五为休息和祈祷日。在穆斯林每天做祈祷时,一切工作都将暂停,此时千万不可打断穆斯林的祷告。

(4)穿戴、送礼的礼俗与禁忌

穆斯林忌穿短裤、无袖衫、露膝短裙。

初次与穆斯林见面切勿送礼,因为这有行贿之嫌疑。给阿拉伯人送礼不能选择带有动物形象的物品,也不能送女人的照片、图像等;不能给阿拉伯人的妻子送礼,但给孩子送礼特别受人欢迎;一般不要私下里送礼,最好是在有第三人在场时送礼。

(5)其他礼俗与禁忌

沙特阿拉伯是严格的伊斯兰教国家,沙特人特别讲究礼仪。他们爱以咖啡和茶待客,迎送客人喜欢用熏香和喷洒香水这种传统的礼节。抽烟、喝酒、唱歌、跳舞都被认为是穆斯林堕落的表现,禁看电影,但可在家里看录像。在沙特,黄色象征着神圣与尊荣,只有王室才能使用,平民不得使用黄色。

伊拉克人忌讳蓝色,认为蓝色是魔鬼的象征。他们除了不吃猪肉以外,还不吃辣椒和蒜。

伊朗人称好时不伸大拇指,禁忌外人评论婴儿的眼睛。

阿拉伯国家都仅用六角形做图案。

8.4 亚洲佛教国家礼俗与禁忌

8.4.1 佛教简介

佛教是世界三大宗教之一,也是世界上最古老的宗教之一,由乔达摩·悉达多(公元前565年至公元前485年)创立于公元前6世纪到公元前5世纪,自创立以来逐渐形成大乘、小乘、密宗等教派,还有三者合一的喇嘛教。乔达摩·悉达多后来被尊称为释迦牟尼。佛教现在仍流行于东亚、南亚、东南亚。东欧、美洲等地区的国家中也有人信奉佛教。

佛教的基本教义是四谛、八正道。

1)四谛

四谛是指苦、集、灭、道4种正确无误的真理。“苦”即“苦圣谛”，指社会人生毫无幸福欢乐。“集”即为“苦集圣谛”，指人们分析造成痛苦与烦恼的原因是欲望。“灭”即“苦灭圣谛”，指灭绝烦恼、超越时空和生死轮回的最高境界是涅槃。“道”即“苦灭道圣谛”，指解脱之路。

2)八正道

八正道是8种求取涅槃之正道，是约束佛教徒日常思想行为的教义教规。八正道包括正见、正思维、正语、正业、正命、正精进、正念、正定。

8.4.2 佛教国家的礼俗与禁忌

佛教在东亚、南亚、东南亚地区极为流行。在会展组织和接待活动中与这些地区佛教国家的居民或是僧人交往就要了解佛教的礼俗与禁忌。

1)佛教礼俗与禁忌

(1)称呼

佛教国家尊称出家修行的男女为比丘，俗称“和尚”，女子成为“比丘尼”，俗称尼姑；尊称在家修行的男子为优婆塞，女子为优婆夷，俗称居士。

(2)合十礼

又称“合掌礼”，是佛教礼节，通行于印度和东南亚信奉佛教的国家与地区，我国傣族聚居区也用合十礼。行礼时，两掌合拢于胸前，十指并拢向上，掌尖和鼻尖基本齐平，手掌向外倾斜，头略低，神情安详、严肃。合十礼可分为跪合十礼、蹲合十礼、站合十礼三类。跪合十礼适用于佛教徒拜佛祖或僧侣的场合，行礼时右腿跪地，双手合掌于两眉中间，头部微俯，以表恭敬虔诚。蹲合十礼是盛行佛教国家的人拜见父母或师长时所用的礼节，行礼时身体下蹲，将合十的掌尖举至两眉间，以示尊敬。站合十礼是信奉佛教的国家平民之间、平级官员之间相见，或公务人员拜见长官时所用的礼节，行礼时端正站立，将合十的掌尖置于胸部或口部，以示敬意。行合十礼时，可以问候对方或口颂祝词。

因佛教中不兴握手，所以在我国，一般非佛教徒对僧人施礼，也以行站合十礼为宜。

(3)行为禁忌

盛行佛教的国家礼俗禁忌以佛教教义为准则。佛教教义中对佛教弟子有严格的行为禁忌要求,简称为“五戒十善”。五戒,就是杀生戒、偷盗戒、邪淫戒、妄语戒、饮酒戒。十善实际上是五戒的分化和细化,分为身、语、意上的禁忌,其内容包括,身体行为的善(禁忌):不杀生、不偷盗、不邪淫;语言方面的善(禁忌):不妄语、不两舌、不恶口、不绮语;意识方面的善(禁忌):不贪欲、不嗔恚、不邪见。

佛教在个人生活方面的禁忌主要有:不结婚、不蓄私财等。佛教认为出家僧众担负着住持佛法、续佛慧命的重大责任和终身事业,因此,必须独身出家才能成就,积蓄私财是违背出家本意的。其他禁忌还包括不自歌舞,不观看、听取歌舞,不坐卧高级豪华床位,不接受金银象马等财宝,不做买卖,不看相算命等。僧人出家受戒后,比丘、比丘尼分别住在各自寺院中,不能同住一个寺院。因此,与僧人交往时不宜问是否已经结婚之类的话,不宜邀请僧人唱歌、跳舞或参加其他不符合佛教清规戒律的娱乐活动。同比丘尼交往要注意,男性公民不能进尼众的寮房,同比丘尼说话时要有另外的人在场,不要主动与比丘尼握手,到比丘尼寺院参观、拜佛,应衣冠整齐等。女士们到男众寺院也要注意,不要随意到僧人关闭的地方去。对于在家的居士,佛教只要求在每月一定的日子里实行一种克制的生活,即不涂香装饰、不观听歌舞剧、不坐卧高广床座。持斋的日子一般是阴历朔日、初八、十四、望日、二十三、二十九日。

(4)饮食禁忌

①素食。素食的概念包括不吃“荤”和“腥”。“荤”是指有恶臭和异味的蔬菜,如大蒜、大葱、韭菜等。《楞严经》说:“荤菜生食生嗔,熟食助淫。”因此,佛教要求禁食。所谓“腥”是指肉食,即是各种动物的肉,甚至蛋。对此类食物,出家二众也不能吃。不过素食的范围也比较广,例如:辣椒、生姜、胡椒、五香、八角、香椿、茴香、桂皮、芫荽、芹菜、香菇类等都可食用。豆制品、牛奶和乳制品,如奶酪、生酥、醍醐等也都不在禁止之列。

②忌饮酒吸烟。佛教还要求僧人不饮酒、不吸烟。不饮酒也包括不饮一切能麻醉人的饮料,比如粳米酒、果酒、大麦酒、啤酒等。麻醉神经与分泌系统的各种“毒品”更在禁忌之列。吸烟虽然不是五戒范围的内容,但是吸烟是一种精神依赖的不良习惯或嗜好,体现了一种精神的追求和贪欲,同佛教要求的清净无我的境界不相符,因此吸烟也是佛教的禁忌之一。

③忌食零食。忌食零食是佛教对僧人的要求,这既是僧人威仪的需要,也

是僧人的修行需要。

结合佛教的饮食禁忌，在与出家人共处时，不宜向僧人敬烟；同桌就餐时，不宜将素菜荤叫，不宜对僧人敬酒、劝酒，或者劝吃肉，也不宜提议同僧人干杯（茶、饮料等）。

2）举例

泰国奉佛教为国教，居民中有90%信仰佛教，因此，在其礼俗和禁忌中有相当部分与佛教有关。

（1）礼俗

泰国人见面时一般不握手，而是行合十礼，并互道“安乐吉祥”。合十礼源于佛教，行礼时双手合掌，十指并拢，置于胸前，掌尖对鼻尖，微微低头。晚辈见长辈时双手举至眼部，平辈相见举到鼻部，长辈对晚辈还礼时举至胸前。地位较低或年纪较轻者应先行礼。行礼时动作缓慢有度。当一方致意时，受礼者应还合十礼，告辞时也行合十礼。目前在一些公务、社交活动中也行握手礼。

泰国人讲文明礼貌，说话轻声细语，举止温文尔雅，平民遇见王室成员或高僧，须行下跪礼，而王室成员和高僧不需还礼。行人从坐着的人身边经过，要略为躬身，以示礼貌。长者在座，晚辈应该坐地或跪坐，头的高度不可超过长者。

（2）禁忌

①头部忌。泰国人十分重视头部，认为头部是人的智慧所在，是身体最重要的部分，是神圣不可侵犯的。随便用手触摸他人的头部是对他人极大的侮辱。即使对小孩表示亲昵，也不能随便抚摸头部，以免带来厄运。

②门槛忌。泰国人认为门槛下住着神灵，不可冒犯，因此忌讳践踏别人的门槛。

③颜色图案忌。泰国人忌用红色签名，因为他们用红笔将死者的姓名写在棺木上。泰国人忌讳鹤和龟的图案。鹤被视为“色情”鸟，龟被视为男性“性”的象征。

8.5 亚洲其他国家礼俗与禁忌

8.5.1 日本

日本的许多礼俗具有典型的东方风格，重视礼节和礼貌，尤其看重言谈举止所流露出来的风度。

1) 见面礼

日本人平时见面都要互致问候，行鞠躬礼。鞠躬15°是一般礼节，20°为普通礼节，45°为最尊敬的礼节。只有老友久别重逢才一边握手，一边鞠躬。初次见面要行90°鞠躬礼，男士双手垂下贴腿鞠躬，女士将左手压着右手放在小腹前鞠躬，并口念“初次见面，请多关照”。行鞠躬礼后需要相互交换名片时，一般是年纪较轻和身份较低的人先递上名片。

2) 社交礼仪

日本人十分看重礼仪教育，社交礼仪是个人修养的重要组成部分，因此，在社交场合无论是衣着、仪表还是语言都十分讲究。而且在日本根深蒂固的等级观念和盘根错节的集团意识已经浸透到社交活动中。日本人相当重视等级观念，下级对上级毕恭毕敬；地位低的人对地位高的人要用敬语；无论何时集会排序都要按照等级来安排。由于日本人有很强的集体观念，因此，他们会在社交中突出自己所在的集体，并且不会与外人说起集体的坏话。会展组织与接待活动中与日本人交谈时也要忌讳与之探讨集团、集体的负面消息。

日本人比较谦恭，并以此为美德，在社交中遵循以下10条礼俗：

①忘掉自我。

②切莫自夸和自我吹嘘。

③尽量避免议论别人。

④说话有条理，表达清楚。

⑤避免使用直接性语言。

⑥避免攻击他人。

⑦避免道破他人的秘密。

⑧不显露自己曾施恩于人。

⑨不忘记自己曾受人恩惠。

⑩不可说大话。

3)送礼礼仪

日本人非常看重送礼和还礼,如有红白喜事、访亲问友、做客赴宴都要携带礼物。此外还有季节性送礼的习俗。每年仲夏,下级给上级、晚辈给长辈、孩子给父母都要送礼,表示谢意。每年岁末,上级给下级、长辈给晚辈、大人给孩子及孩子的老师送礼,以示关怀。送礼时一般选用各种土特产、工艺品或其他有实用价值的东西,并且要包装美观大方。送礼时需要双手捧着送上,受礼也要用双手,并要微微鞠躬。日本人讲究礼尚往来,除了办丧事等特殊情况接受赠礼不宜立即还礼外,一般都要尽快还礼。回赠礼品的价值应与赠礼价值大体相等。

4)禁忌

日本人举止庄重,谈吐文雅,图吉利,避凶祸,社交活动中有不少禁忌。

(1)语言忌

参加别人婚礼时忌说"完了"、"断绝了"等词;参加葬礼时忌说"频繁"、"又"等词;与老人交谈时忌说"年迈"等词;和残疾人谈话时忌讳"残疾"之类的词语,可以将盲人称为"眼睛不自由的人",把聋子称为"耳朵不自由的人";众人一起评论他人时,忌谈他人的生理缺陷。

(2)数字忌

日本人对数字的吉凶概念很敏感,忌讳"4",因为与"死"同音;忌讳"6",因为发音为"劳苦";忌讳"9",因为发音与"苦"谐音;忌讳42。一般在喜庆场合、剧场、剧院、医院等场所不使用这几个不吉利的数字。

(3)筷子忌

日本人吃饭时忌舔筷、迷筷(拿着筷子在餐桌上晃来晃去)、移筷(连续夹两种菜)、扭筷(扭转筷子用嘴舔取粘在筷子上的饭粒)、插筷(用筷插着菜送进嘴里)、掏筷(用筷子从菜当中扒开挑菜吃)、跨筷(把筷子跨放在碗、碟上面)、剔筷(用筷子当牙签剔牙)。

(4)邮信忌

忌邮票倒贴;向受灾人发慰问信时忌用双层信封;折叠信纸时,忌将收信人的名字反转朝下。

(5)颜色图案忌

忌绿色,认为绿色是不祥之兆;忌紫色,认为紫色不牢靠。忌荷花图案,因为荷花在日本是丧花;忌狐狸图案,因为狐狸是贪婪的象征;忌獾的图案,因为獾是狡诈的象征。

8.5.2 韩国

韩国是一个礼仪之邦,其礼俗与我国朝鲜族相似。在社交、会展商务等活动中以下礼俗和禁忌需要加以注意:

(1)礼俗

韩国人尤其看重敬老爱幼。与长辈握手时要以左手轻置于其右手之上,躬身相握,以示恭敬。与长辈同坐,要保持姿势端正、挺胸,不可懒散。如果想要抽烟一定要征得在场长辈的同意。用餐时不可先于长者动筷。男子见面可以打招呼,相互行鞠躬礼并握手,但女性见面时通常不与人握手,只行鞠躬礼。

(2)禁忌

韩国人用餐时忌讳随便发出声音,也不可边吃边谈,因为这样会引起旁人的反感。一般不轻易流露自己的感情,忌讳在公共场所大声说笑,讲求稳重有礼。

韩国人忌讳数字“4”,认为此数字不吉利,因为与“死”同音,所以在韩国没有4号楼、4号桌等。与韩国人交往尽量使用韩语、中文或英文,尽量避免使用日文。

8.5.3 新加坡

新加坡有华人、马来人、印度人等,尽管新加坡已经相当西化,但当地人仍然保留了许多民族的传统习惯。

(1)礼俗

新加坡人见面时各种打招呼的方式都有,最常见的是行握手礼,对于东方人也可以轻轻鞠躬。新加坡人接待客人一般是请客人吃午饭或晚饭。和新加坡的印度人或马来人吃饭时,注意不要用左手。到新加坡人家里吃饭,可以带一束鲜花或一盒巧克力作为礼物。谈话时,避免谈论政治和宗教。新加坡人喜欢红双喜、大象、蝙蝠图案。

(2)禁忌

新加坡人喜欢红、绿、蓝色,而认为紫色、黑色不吉利,黑色、白色、黄色为禁忌色。在商业活动中反对使用如来佛的形态和侧面像。在标志上禁止使用宗教词句和行政性的标志。数字上忌讳4,7,8,13,37,69。

8.5.4 印度尼西亚

印度尼西亚居民有87.5%信奉伊斯兰教,6.5%信奉基督教,2%信奉佛教,2%信奉印度教,还有一部分土著人信奉拜物教。因此,印度尼西亚的礼俗与禁忌体现了很多宗教的内容。

(1)礼俗

印度尼西亚穆斯林见面时通常行握手礼,互致问候,也有部分印尼人习惯行鞠躬礼。行礼时,上身前倾30°左右。信奉印度教的巴厘人则行合十礼。按照印尼人的礼节,年轻人见到行动不便的长者或老人,应主动前去搀扶。在走险路、上下楼梯、上下车等情况下男子也应搀扶女子,搀扶时只能轻扶其臂,切不可挽其手,否则便为失礼。

(2)禁忌

爪哇人夜间外出忌吹口哨,以免口哨声招来恶魔,导致不幸。印尼人敬烟、倒酒、端茶、递东西等均用右手,忌用左手。用左手待客被视为不礼貌。不能用手指指点点,也不能随便触摸印尼人的头部。同时忌讳打听别人的隐私。

8.6 非洲主要国家礼俗与禁忌

非洲国家保留了浓厚的原始部落习俗,又受到不同宗教的影响,因此,各个国家之间的礼俗与禁忌区别较大,甚至同一国家内部礼俗禁忌也有较大区别。

8.6.1 非洲伊斯兰教国家的特殊礼俗与禁忌

除地中海和红海沿岸的埃及、利比亚、突尼斯、阿尔及利亚、苏丹、埃塞俄比亚、摩洛哥等国家信奉伊斯兰教,中非地区的尼日利亚、塞内加尔、坦桑尼亚等国也有很多居民信奉伊斯兰教。这些国家的礼俗既服从伊斯兰教的教义教规,也有一些特殊的礼俗和禁忌。

1)埃及

埃及穆斯林信仰虔诚,严格按照教义教规行事。喜欢绿色和白色,并且习惯于用其表示快乐;讨厌黑色和蓝色,认为黑色、蓝色均表示不幸。喜欢金字塔形蓬花图案。"针"是埃及特有的忌讳物和忌讳语。就餐、与他人接触、递东西给他人、与人握手都不能使用左手,因为他们认为左手不洁。禁穿有星星图案的衣服,有星星图案的包装纸也不受欢迎,禁忌猪、狗、猫、熊。对于数字,埃及人喜欢3,5,7,9,忌讳13。

2)苏丹

苏丹人的衣着比较朴素,男子多半头缠白巾,身穿阿拉伯式长袍;女子则披白色或其他颜色的薄纱,不戴面纱。苏丹人认为黄色是美的标志,因此,妇女特别喜欢烟雾浴,使皮肤变成黄色。苏丹人热情好客,注重礼节。友人相遇,特别是老朋友久别重逢,彼此握手拥抱,亲切问候,从个人问好一直到对方的家属、亲人和朋友等,历时数分钟之久。

苏丹人特别喜欢牛,除了祭祖、祭神以外,一般都忌讳杀牛。

3)尼日利亚

尼日利亚以前是英国的殖民地,因此,这里的礼俗受英国影响较多,同时也受伊斯兰教教义教规的约束。尼日利亚东部的伊特人忌讳女子苗条,因为他们认为只有胖墩墩的女子才能成为贤惠的妻子。

4)摩洛哥

摩洛哥居民95%都是穆斯林,因此,礼俗受伊斯兰教影响较深。除此以外,摩洛哥人喜欢绿、红、黑色,忌白色。喜爱鸽子、骆驼、孔雀图案,而禁忌六角星、猫头鹰图案。在摩洛哥,13是消极的数字,而3,5,7和40带有积极的含义。

8.6.2 非洲其他国家的特殊礼俗与禁忌

1)埃塞俄比亚

埃塞俄比亚居民主要信奉基督教和伊斯兰教。埃塞俄比亚人见面时主要行鞠躬礼,如身披“沙马”把头裹住的,就要把它摘下来,甚至撩起来露出肩膀。问候致意颇有特色,可以长达1~2 min,甚至更长。他们询问彼此的健康、家庭成员、家畜、收成情况等。在这从容的问候之后才开始谈及实质性的问题,一般坏的消息放在最后谈。同辈人见面时,一般握手问候,直到问候结束时才把手放开。久别或亲朋好友,则互吻面颊,并频频互致问候,双方的脸互相左右轻触,次数无规定,越亲密者次数越多。上层人士或神甫见面只能互吻肩部。一般老百姓见了官员或下级见了上级,则鞠躬表示敬意。小孩见到父亲或祖父要跪下亲吻他们的脚。在接受礼物时,受礼者应伸出双手表示高兴接受,若只伸出一只手,则表示勉强接受。

埃塞俄比亚人喜欢鲜艳明亮的颜色,禁忌黑色,也禁忌宗教象征图案。埃塞俄比亚人悼念死者时,穿淡黄色服装,但出门做客是绝对不能穿淡黄色服装的。

2)中非

中非人信奉拜物教和图腾,每个家庭所崇拜的某种动物都是神和力量、勇气的象征,不能捕杀,更不能食用。中非人喜爱艳丽的颜色。现在握手是中非比较正式的见面礼。较熟悉的人,或者一方是妇女则拥抱贴脸,双方右脸颊贴一下,左脸颊贴两下。政府官员和外交使节向总统祝贺节日,或在其他隆重场合表示祝贺时,也用这种方式。

中非人忌讳食用奉为图腾的动物。妇女不能吃蛇肉和豹子肉,孩子不能吃豹子肉,除巴蒂人外,绝大多数人不吃狗肉。男女不能围坐在一起吃饭。孩子们和母亲一起吃,儿子长大后和父亲一起吃。亲戚上门做客,也必须男女分开。本家庭成员男女可在同一房间分两摊吃饭,但不同姓的男女必须分在两个房间,甚至女婿和丈母娘、媳妇和公公也不能在一起。中非人还忌讳与穿黑色衣服的妇女握手,只能口头问候或点头致意。

3)肯尼亚

肯尼亚人性情温和,容易交朋友,但部族意识强烈,排外情绪强烈。忌讳探讨肤色问题,普遍认为数字7以及一切以7结尾的数字都不吉利。

4)赞比亚

赞比亚人多数信奉原始宗教,为人朴素亲切,但是见面礼由于部族差异而有较大差异。赞比亚人忌讳拍照(旅游观光区除外)。若对女人、小孩等拍照,赞比亚人会认为是莫大的耻辱，会立刻叫警察来将人抓进拘留所。

5）塞内加尔

伊斯兰对塞内加尔人的生活习俗影响较大，他们多数都忌讳使用猪皮和猪内脏做的日用品，也忌讳谈论有关猪的事情。他们还尊奉伊斯兰教规，在公共场合下是禁止饮酒的。

8.7 大洋洲主要国家礼俗与禁忌

大洋洲由澳大利亚、新西兰和许多岛国组成。这里的礼俗和禁忌深受欧美文化的影响，与欧美国家颇为相似。

8.7.1 澳大利亚礼俗与禁忌

澳大利亚有85%左右的居民信仰天主教或基督教，礼俗禁忌与欧美国家大同小异，但是也有独特之处。

1）一般礼俗

澳大利亚人比较突出的礼俗主要有4条：一是奉行“人人平等”的信条，遵从“女士优先”的社交原则；二是谦恭随和，遵时守约；三是喜欢上酒店进行商务、公务谈判，效率极高；四是严守“周日做礼拜”的习惯，即每周日上午，一定到教堂（教堂数以千计）听道。

2）禁忌

信仰基督教的澳大利亚人忌讳数字“13”，认为这是不吉利的数字。澳大利亚人忌讳将本国与英国或美国比较，或是评论彼此之间的异同；忌讳在谈话中涉及宗教、土著人与现代社会的关系、袋鼠数量控制等内容。

8.7.2 新西兰

新西兰人见面和分手时都握手。和妇女相见时，要等对方先伸出手来再握。他们有独特的象征，视几维鸟为珍贵动物，在其国徽和硬币上都有几维鸟做标志。

在新西兰,毛利人仍保留着浓郁的传统习俗。他们大都信奉原始的多神教,还相信灵魂不灭,尊奉祖先的精灵。每遇重大的活动,他们便照例要到河里去做祈祷,而且还要相互泼水,以此表示宗教仪式上的纯洁。他们有一种传统的礼节:当遇到尊贵的客人时,他们要行“碰鼻礼”,即双方要鼻尖碰鼻尖二三次,然后再分手离去。据说,按照其风俗,碰鼻子的时间越长,就说明礼遇越高,越受欢迎。

8.8 拉丁美洲主要国家礼俗与禁忌

拉丁美洲原为印第安人的居住地,在15—16世纪沦为西班牙、葡萄牙的殖民地。拉丁美洲人多数信奉天主教,其次是信仰基督教、原始宗教、印度教、伊斯兰教和犹太教。总体上拉丁美洲人热情豪放、好客、能歌善舞。拉丁美洲地区各个国家的礼俗与禁忌各有不同,并且带有浓厚的宗教色彩,但一般都能接受握手礼。

8.8.1 巴西

巴西最主要的宗教是天主教,其次是基督教。巴西人感情外露,人们在大街上相见也会热烈拥抱。无论男女,见面和分别都以握手为礼。妇女们相见时脸贴脸,虽然唇不触脸,但双方都用嘴发出接吻时的声音。

在巴西,人们迷信紫色会给人们带来悲伤,深咖啡色会招来不幸,黄色表示绝望,人死就好比黄叶落下。巴西是世界上人种融合最为广泛的地方之一,民族、种族问题复杂,因此,要避免开涉及当地民族的玩笑,对当地政治问题最好闭口不谈。另外,巴西人还忌讳用拇指和食指连成圆圈,其他三指向上伸出(即源自美国、普遍认为代表“OK”的手势),因为他们认为这是一种不文明的表示。

8.8.2 阿根廷

阿根廷人主要信奉天主教,阿根廷人久别重逢,男人互相拥抱,女人则握住对方双手并亲面颊。阿根廷人喜欢别人夸奖他们的孩子、家里的陈设和他们的菜。交谈时可以谈谈体育(特别是足球)以及当地的公园。

在阿根廷送礼不要送衬衫、领带之类贴身用的物品,避免谈论有争议的宗教、政治问题。阿根廷男子严禁留胡须,对满脸胡须者甚至还追究法律责任。

8.8.3 其他拉美国家

1)智利

智利人主要信奉天主教,奉天主教为国教。在智利,男人之间见面也经常热情地搂一搂,女人见面是亲面颊。到智利人家中做客时,要在门外等主人请才能进门,可以送一束鲜花给女主人。智利人喜欢听客人谈论他们的家庭,特别是孩子,避免议论当地有关的政治和宗教问题。

2)秘鲁

秘鲁人主要信奉天主教。在秘鲁无论男女见面、离别时都握手。好朋友见面,男的拥抱,妇女亲吻对方的面颊。人们喜欢红、黄、绿色,也喜欢向日葵、鸵鸟图案。紫色平时禁用,只有在10月份举行宗教仪式时使用。秘鲁人把紫色视为不祥。对秘鲁人不宜送紫色包装的东西。穿紫色衣服去访问别人,一样也不受欢迎。

3)古巴

古巴居民大多数信奉天主教,宗教对他们的生活习惯有较大的影响,如:忌讳"13"这个数字,更忌讳13日星期五这一天举行娱乐活动;婴儿出生后要举行洗礼,并给其取教名;习惯过复活节、圣诞节、狂欢节等。还有一种奇趣的习俗,即在每年的新年除夕,按习惯每人必须要准备一碗清水,等午夜的时钟敲过12下后,每人就各自将准备的那碗清水泼到室外去以表示去旧迎新。

4)哥伦比亚

在哥伦比亚,男人进屋或离开时,须与在场的每一个人握手,以示礼貌;女人也须与在场的每一位女性握手为礼。哥伦比亚人喜爱红、蓝、黄色,禁忌浅色。

5)委内瑞拉

委内瑞拉人见面时常行握手礼。男性朋友之间见面相互搂一搂,女性朋友见面除拥抱外还吻面颊。兰花是委内瑞拉的国花,是送给女性的最好礼物之一。委内瑞拉人分别以"红、绿、茶、黑、白"五种颜色代表五大政党,故此五色不宜用在包装纸上。忌讳孔雀,凡与孔雀有关的东西和图案都被视为不祥之物。

本章小结

国际上有通行的身体语言禁忌和口头语言禁忌，需要我们在会展组织与接待中加以注意。为了更好地体现会展组织和接待活动中的针对性原则，本章着重介绍了各大洲主要国家的宗教礼俗、禁忌与一般性的礼俗与禁忌，为读者提供了在会展礼仪活动中与不同国家和不同宗教信仰的人士接触的背景知识。

实　训

实训项目：国际礼俗与禁忌在会展活动中的应用

实训目的：熟悉并掌握在会展活动中灵活应用国际礼俗与禁忌的方法。

实训内容：以第三届“世界植物园大会”为背景，以志愿者身份分小组讨论接待不同地区和国家植物学专家、学者应该注意的禁忌问题。分小组讨论、设计在接待过程中可以与与会嘉宾交谈的内容主题。

背景介绍：

世界植物园大会是全球植物园事务中规格最高、最具学术水平和社会影响力的顶级会议，由“国际植物园保护联盟”（BGCI）从世界各地申办会议的众多植物园中，挑选在世界上有重要影响的植物园主办，每三年举行一次。2004 年，在西班牙举行的第二届世界植物园大会上，中国科学院武汉植物园代表中国植物园界提出申办第三届世界植物园大会，经过数轮激烈的竞争，最终获得了大会的主办权，使我国成为继美国、西班牙之后第一个承办这一会议的亚洲国家。第三届“世界植物园大会”在 2007 年 4 月 16 ~ 20 日举行，有来自全球 80 多个国家和地区的嘉宾参会、参展。大会主题是“构建可持续发展的未来：植物园的作用”。会议将围绕《全球植物保护战略》、全球植物多样性保护和全球可持续性发展的环境教育等主题进行讨论和交流，推动《全球植物保护战略》在全球实施。会议期间，武汉市在中科院武汉植物园举办园艺与绿色科技成果展，展示绿色能源、学术成果、生物科技产品、生物制药、园林园艺设备、育种育苗、应用软件、环保设备、出版物、科普教育产品以及各种花卉等展品。会后，还将安排专家学者深入到湖北省的神农架、三峡、利川等地进行科考旅游活动。

（资料来源：中国园林网）

讨论主题：

1. 每个小组设计 2 ~3 个可以与与会嘉宾交流的话题，并且搜集有关资料，进行模拟接待和交流。

2. 在与不同国家的与会嘉宾交流的过程中哪些问题是不能涉及的？

教师主要观测点：

1. 观测各小组的合作状态以及成员的参与性。

2. 观测各个小组是否理解国际礼俗与禁忌知识，各小组提出的交流话题是否恰当。

3. 观测模拟交流中参与各方的言谈举止和谈话内容是否符合会展礼仪规范。

复习思考题

1. 会展礼仪活动中有哪些通用的身体语言禁忌？

2. 什么叫禁忌？在会展礼仪活动中，了解禁忌有什么意义？

3. 基督教主要的教义教规是什么？信奉基督教的国家有哪些通行的礼俗和禁忌？

4. 伊斯兰教的教义教规是什么？信奉伊斯兰教的国家有哪些通行的礼俗和禁忌？

5. 信奉佛教的国家有哪些具有宗教特色的礼俗和禁忌？

6. 列举世界上主要国家的各种禁忌。

7. 判断下列关于国际礼俗与禁忌的描述是否正确。

①在会议接待活动中向英国女子送鲜花，宜送单数，忌送双数和 13 枝。花卉最好不要选择菊花和百合花。 ( )

②英国人忌讳用人像作为商品的装潢，忌用白象、猫头鹰、孔雀等商标图案。 ( )

③法国人忌讳黄色、灰绿色，喜爱蓝色、白色和红色。 ( )

④和意大利人可以谈论美国的橄榄球和政治。 ( )

⑤向德国女士送礼物可以选择玫瑰、香水。 ( )

⑥拇指和食指弯曲成圈，其余 3 个手指伸直的手势是全球通用的表示 OK 的手势。 ( )

⑦日本钟表商在巴西参展，以紫色作为展台背景和钟表包装主色调。 ( )

参考文献

[1]“会展策划与实务”岗位资格考试系列教材编委会. 会展接待实务[M]. 北京:旅游教育出版社,2006.

[2] 李莉. 会展服务礼仪规范[M]. 长沙:湖南科学技术出版社,2005.

[3] 刘大可. 会展营销教程[M]. 北京:高等教育出版社,2006.

[4] 金正昆. 商务礼仪[M]. 北京:中国人民大学出版社,2005.

[5] 千舒,陈秋玲. 商务礼仪的N个细节[M]. 北京:海潮出版社,2005.

[6] 饶雪梅. 会展礼仪[M]. 北京:中国劳动社会保障出版社,2006.

[7] 黄瑛,黄卓. 现代礼仪技巧与实践[M]. 长沙:湖南大学出版社,2005.

[8] 国英. 公共关系与现代礼仪案例[M]. 北京:机械工业出版社,2004.

[9] 李小东,袁贵斌. 如何塑造你的职业形象. 科技资讯,2006(4):157-158.

[10] 张维君. 浅谈职业形象的塑造[J]. 辽宁行政学院学报,2005(5):71-72.

[11] 祝杰. 以完美的职业形象打造成功的职业生涯[J]. 秘书之友,2004(4):8-10.

[12] 王白曼. 职业形象诌议. 调查与研究[J],2004(3):23.

[13] 杨路. 打造你的专属形象. 当代经理人,2003(8):85.

[14] 王军云. 应用文写作技巧与范例[M]. 北京:中国华侨出版社,2005.

[15] 文渊. 最新现代应用文写作技巧与标准范例[M]. 北京:蓝天出版社,2004.

[16] 吕少平,孟桂兰.现代秘书与礼仪[M].青岛:青岛出版社,1996.
[17] 李荣建.礼仪训练[M].武汉:华中理工大学出版社,1999.
[18] 王伟伟.礼仪形象学[M].北京:人民出版社,2005.
[19] 憨氏.职业形象[M].呼伦贝尔:内蒙古文化出版社,2005.
[20] 方明亮,刘华.商务谈判与礼仪[M].北京:科学出版社,2006.
[21] 冯玉珠.餐饮礼仪大全[M].北京:对外经济贸易大学出版社,2005.
[22] 黄剑鸣.现代商务礼仪[M].北京:中国物资出版社,2006.
[23] 于立新.国际商务礼仪实训[M].北京:对外经济贸易大学出版社,2003.
[24] 杨眉.现代商务礼仪[M].大连:东北财经大学出版社,2000.